新通達"最速"対応

具体例で理解する

収益認識基準の法人税実務

林 仲宣[編著]

小島 昇・谷口 智紀・四方田 彰・茂垣 志乙里・角田 敬子
小野木 賢司・髙木 良昌・齋藤 樹里・小林 由実[共著]

ぎょうせい

は し が き

　平成30年5月30日付課法2－8ほか2課共同「法人税基本通達等の一部改正について」（法令解釈通達）など，一連の改正通達が発表された。

　法人税基本通達関係として，「収益認識に関する会計基準」の導入に伴い，平成30年度税制改正により，法人税における収益の認識時期等について改正したと明記されている。「新会計基準」と改正法人税法との整合と是正を講じるものといえる。

　すなわち，「収益認識に関する会計基準」における収益の計上単位，計上時期及び計上額について「履行義務」という新たな概念を盛り込んだ形で見直しを行うとともに，法人税法において収益の計上時期及び計上額についての規定が設けられたこと等に伴う取扱いの整理を行う目的である。

　しかも，国税庁は，「収益認識に関する会計基準」は平成30年3月に導入され，平成33年4月以後開始事業年度において本格的に適用されるものであるため，様々な業種や業態における私法上の取引に応じた会計処理については，今後明らかになってくるものと考えられ，そうした取引に応じた会計処理に関する税務処理について，今後，適宜公表していくと明言している。

　改正通達は，原則として，平成30年4月1日以後終了する事業年度から適用されることから，すでに実施されている。今後，運用に伴ってその適用と解釈について議論が高まることになるが，本書は改正直後の解説であり，広く改正通達を理解するための指針としての意義があると考えている。

　本書は，第一線で実務，研究に従事する10名の専門家で執筆したが，各稿の整理統合については，四方田　彰，髙木良昌両税理士にお願いした。

　出版に当たっては，企画の段階から，㈱ぎょうせいの皆様にお世話になった。心から感謝する次第である。

平成30年7月

執筆者を代表して

林　　仲宣

目 次

第1章 収益認識に関する会計基準

■収益認識に関する会計基準の制定と適用例 ……………………………… 2

　Ⅰ　制定の経緯／2
　Ⅱ　基本となる原則／4
　Ⅲ　収益の認識基準／8
　Ⅳ　収益の額の算定／14
　Ⅴ　特定の状況又は取引における取扱い／21
　Ⅵ　重要性に関する代替的な取扱い／29
　Ⅶ　表示，注記等／30

第2章 収益認識基準の制定に伴う法人税法の対応

■「新会計基準」の概要と法人税法の対応 …………………………………34

　Ⅰ　「新会計基準」導入の経緯と背景／34
　Ⅱ　「新会計基準」の基本方針／35
　Ⅲ　「新会計基準」における収益認識のステップ／38
　Ⅳ　「新会計基準」による収益の額の算定ステップ／39
　Ⅴ　従前における法人税法の考え方／40
　Ⅵ　平成30年度税制改正大綱の趣旨／41
　Ⅶ　平成30年度税制改正による法人税法22条の2の新設／45
　Ⅷ　改正法人税法の留意事項／45
　Ⅸ　実務への影響と今後／46

■新法人税法・施行令における収益認識基準の原則 …………………48

　Ⅰ　法人税法22条の構造―収益計上基準の考え方／48
　Ⅱ　法人税法22条の2及び法人税法施行令18条の2の新設／50

Ⅲ　収益認識基準の原則と平成30年度税制改正の意義／55

Ⅳ　今後の課題－公正処理基準をめぐる問題／57

Ⅴ　結論／58

■「取引価格の算定」と貸倒引当金・返品調整引当金 ……………60

Ⅰ　新会計基準における取扱い／60

Ⅱ　法人税法における取引価格／64

Ⅲ　収益の価額と貸倒引当金／66

Ⅳ　収益の価額と返品調整引当金／67

■「履行義務の充足」と延払基準 ……………………73

Ⅰ　「履行義務の充足」の意義／73

Ⅱ　一定の期間にわたり充足される履行義務／76

Ⅲ　一時点で充足される履行義務／79

Ⅳ　履行義務の充足に係る進捗度／81

Ⅴ　長期割賦販売等に係る延払基準／83

第3章　収益認識基準の制定に伴う 法人税基本通達の対応

■新通達1　収益の計上の単位（原則） ……………………88

Ⅰ　法人税基本通達の対応／88

Ⅱ　改正通達～収益の計上の単位～／91

■新通達2　ポイント等を付与した場合 ……………………102

Ⅰ　企業ポイントプログラムの会計処理基準／102

Ⅱ　自社発行企業ポイントの会計処理／103

Ⅲ　法人税基本通達2－1－1の7の取扱い（新設）／106

Ⅳ　企業ポイント失効時の会計処理／109

Ⅴ　無償発行のポイントプログラムの会計処理／112

iii

■新通達3　利息相当部分 ··115

Ⅰ　契約における重要な金融要素に関する会計基準／116

Ⅱ　調整計算が必要な場合及び用いるべき割引率／117

Ⅲ　法人税基本通達2－1－1の8，2－1－24の新設／119

■新通達4　資産の引渡時の価額 ··124

Ⅰ　新会計基準における収益認識と法人税法における収益の額の認識／124

Ⅱ　法人税基本通達の対応／125

Ⅲ　資産の引渡時の価額等の通則／126

■新通達5　収益の帰属時期 ··134

Ⅰ　新会計基準の考え方／134

Ⅱ　改正法人税法における収益の帰属時期／136

Ⅲ　改正通達の対応／137

第4章　資料～法人税基本通達の一部改正（抄）

■資料　法人税基本通達の一部改正（新旧対照表）（抄）

（国税庁，平成30年5月30日） ··148

新通達の構成・番号と本書の掲載頁

構　成	通達番号		掲載頁
収益計上単位の通則	2−1−1	収益の計上の単位の通則	91, 92, 93
収益計上単位の具体的取扱い	2−1−1の2	機械設備等の販売に伴い据付工事を行った場合の収益の計上の単位	94
	2−1−1の3	資産の販売等に伴い保証を行った場合の収益の計上の単位	95
	2−1−1の4	部分完成の事実がある場合の収益の計上の単位	96
	2−1−1の5	技術役務の提供に係る収益の計上の単位	97
	2−1−1の6	ノウハウの頭金等の収益の計上の単位	97
	2−1−1の7	ポイント等を付与した場合の収益の計上の単位	98, 106
	2−1−1の8	資産の販売等に係る収益の額に含めないことができる利息相当部分	99, 120
	2−1−1の9	割賦販売等に係る収益の額に含めないことができる利息相当部分	100
収益の額の通則	2−1−1の10	資産の引渡しの時の価額等の通則	126
	2−1−1の11	変動対価	127
収益の額の具体的取扱い	2−1−1の16	相手方に支払われる対価	131
棚卸資産の販売に係る収益計上時期の具体的取扱い	2−1−2	棚卸資産の引渡しの日の判定	138
	2−1−3	委託販売に係る収益の帰属の時期	138
	2−1−4	検針日による収益の帰属の時期	138
役務の提供に係る収益計上時期の通則	2−1−21の2	履行義務が一定の期間にわたり充足されるものに係る収益の帰属の時期	139
	2−1−21の3	履行義務が一時点で充足されるものに係る収益の帰属の時期	139
	2−1−21の4	履行義務が一定の期間にわたり充足されるもの	139
	2−1−21の5	履行義務が一定の期間にわたり充足されるものに係る収益の額の算定の通則	140
	2−1−21の6	履行義務の充足に係る進捗度	140
役務の提供に係る収益計上時期の具体的取扱い	2−1−21の7	請負に係る収益の帰属の時期	140
利子，配当，使用料等に係る収益計上時期等の具体的取扱い	2−1−24	貸付金利子等の帰属の時期	120
	2−1−30	知的財産のライセンスの供与に係る収益の帰属の時期	140
	2−1−30の4	知的財産のライセンスの供与に係る売上高等に基づく使用料に係る収益の帰属の時期	141
	2−1−30の5	工業所有権等の使用料の帰属の時期	142
その他収益等の具体的取扱い	2−1−39	商品引換券等の発行に係る収益の帰属の時期	142
	2−1−39の3	自己発行ポイント等の付与に係る収益の帰属の時期	109
	2−1−40の2	返金不要の支払の帰属の時期	144
	2−4−14	長期大規模工事に該当するかどうかの判定単位	93
	2−4−15	工事の目的物について個々に引渡しが可能な場合の取扱い	94

v

凡　例

　本書では，原則として，かっこ内の法令等について，下記の略称を使用しています。

○法法……………………法人税法

○法令……………………法人税法施行令

○法基通…………………法人税基本通達

○新会計基準……………企業会計基準第29号「収益認識に関する会計基準」

○新適用指針……………企業会計基準適用指針第30号「収益認識に関する会計基準の適用指針」

○設例……………………企業会計基準適用指針第30号「収益認識に関する会計基準の適用指針」の設例

[表記例]

・新会計基準5項…………収益認識に関する会計基準第5項

・30改正新法22の2⑤……30年度改正法の法人税法第22条の2第5項

※なお，第1章の新会計基準については，単に「〇項」と表記しているのは「収益認識に関する会計基準第〇項」，「指針〇項」と表記しているのは「収益認識に関する会計基準の適用指針第〇項」を表しています。

　　また，第1章は会計基準にあまりなじみのない方にも，第2章以降の税務の前提となる新会計基準を理解しやすくなるように記述しています。このため，言葉の定義等に厳密さが欠けている場合があり，実際に適用される際には新会計基準等の原文を参照して処理されるようにお願いします。

第1章

収益認識に関する会計基準

収益認識に関する 会計基準の制定と適用例

I 制定の経緯

1 目 的

　日本の会計基準は，2000年前後からの会計ビッグバンといわれる会計基準の大幅な改正により，国際的な会計基準に近づいた結果，EU などでは日本の会計基準が国際的におおむね認められる水準に達したと考えられている。しかしながら，今まで収益認識に関する包括的な会計基準については，企業会計原則による「売上高は，実現主義の原則に従い，商品等の販売又は役務の給付によって実現したものに限る」とされているほか，定めがない。

　ところが，近年企業の取引態様が複雑多様化するに伴い，その会計処理も判断に迷うケースが増大している。特に収益は企業の営業活動からの成果及び経営成績を表示するうえで重要な財務情報である。したがって，その収益を認識する会計基準の開発が待たれていたところである。

　企業会計基準委員会（ASBJ）では，開発に当たり，下記をその意義としている。

① 日本の会計基準の体系の整備
② 企業間の財務諸表の比較可能性
③ 企業により開示される情報の充実

2 IFRS との関係

　国際会計基準審議会（IASB）及び米国財務会計基準審議会（FASB）は，共同で収益認識に関する包括的な会計基準の開発を行い，2016年5月に「顧客との契約から生じる利益」を，IASB では国際財務報告基準（IFRS）15号として，FASB では Topic606として公表した。

2　第1章　収益認識に関する会計基準

ASBJ では，収益認識に関する会計基準を開発するに当たり，財務諸表間の比較可能性を確保する観点から，IFRS15号の基本的な原則を取り入れている。ただし，これまで日本で行われていた実務に配慮すべき項目がある場合には，比較可能性を損なわせない範囲内で代替的な取り扱いを追加している。

③ 適用範囲

収益認識に関する会計基準（以下，本会計基準という）は，顧客との契約から生じる収益に関する会計処理及び開示に適用される。（3項）

「顧客」とは，対価と交換に企業の通常の営業活動により生じたアウトプットである財又はサービスを得るために当該企業と契約をした当事者をいう。すなわち，財又はサービスを有償で提供する相手をいうが，通常の営業活動ではない固定資産の売却については，本会計基準の対象ではない。（6，108項）

「契約」とは，法的な強制力のある権利及び義務を生じさせる複数の当事者による取り決めをいう。通常の売買（役務提供）契約にあたるが，この契約は書面に限らず，口頭，取引慣行も含まれる。（5項）また，業種，あるいは企業によってこれらの効果が異なることもあるため，実務的には，この契約による顧客との合意が強制力のある権利及び義務を生じさせるかどうか，並びにいつ生じさせるかを判断することになる。（20項）

したがって，締結した契約の目的が，資産の移転ではなく製品開発の提携のような契約の場合は，本会計基準は適用されないこととなる。

なお，下記のような特別な取引は，すでにそれぞれの会計基準等で定められており，二重になるので本会計基準では除外している。なお，顧客との契約の一部が下記に該当する場合は，下記により処理する金額を除いた取引価額でこの基準を適用する。（4項）

① 「金融商品に関する会計基準」に含まれる金融商品にかかる取引
② 「リース取引に関する会計基準」に含まれるリース取引
③ 保険法の定義による保険契約
④ 同業他社との棚卸資産の交換取引。これは交換後，当該棚卸資産を企業が顧客に販売すると売上高の二重計上になるため除外している。
⑤ 金融商品の組成又は取得に際して受け取る手数料。これは，「金融商品に関する会計基準」に別途定められている。
⑥ 「特別目的会社を利用した不動産の流動化に係る譲渡人の会計処理に関す

■収益認識に関する会計基準の制定と適用例　3

る実務指針」の対象となる不動産の譲渡。

なお，本会計基準の適用により下記は不要となるため，廃止される（**90項**）

① 「工事契約に関する会計基準，同適用指針」

② 「ソフトウェア取引の収益の会計処理に関する実務上の取扱い」

Ⅱ　基本となる原則

1　収益認識原則

本会計基準の基本となる原則は下記のとおり。カッコ書きは，該当する収益認識のステップである。

約束した財又はサービスの（**ステップ1**）

顧客への移転を（**ステップ2**）

当該財又はサービスと交換に（**ステップ3**）

企業が権利を得ると見込む対価の額で描写するように，（**ステップ4**）

収益を認識することである。（**ステップ5**）

2　収益認識のステップ

基本原則を理解しやすくするために，ステップごとに区分し，具体的な内容を示すと下記のとおりである。

ただし，収益の認識に当たって原則として下記のステップの順に進むことが想定されるが，実務的には前のステップの内容を戻って確認するなど複雑な動きをしながら進むことも多いと考えられる。したがって，その取引を正確に描写し会計処理をすることが重要となる。

①ステップ1　**顧客との契約を識別する**

本会計基準は，顧客との契約から生じる収益に関する会計処理及び開示に適用される。したがって，まず本会計基準で定義した契約であることを確認する。

②ステップ2　**契約における履行義務を識別する**

複数の履行義務がある場合，一つの契約であっても当該財又はサービスが所定の要件を満たす場合には，当該約束を別個の履行義務として区分する。

③ステップ3　**取引価額を算定する**

変動対価又は現金以外の対価である場合などには，所定の調整をして取引

4　第1章　収益認識に関する会計基準

価額を算定する。

④ステップ4　契約における履行義務に取引価額を配分する

　　別個の財又はサービスの独立販売価格の比率に基づき，それぞれの履行義務に取引価格を配分する。独立販売価格を直接観察できない場合には，独立販売価格を見積る。

⑤ステップ5　履行義務を充足した時に（一時点）又は充足するにつれて（一定の期間）収益を認識する

　　履行義務は，所定の要件を満たす場合には工事進行基準のように一定の期間にわたり充足され，所定の要件を満たさない場合には一時点で充足される。

　「履行義務」とは，顧客との契約により生じる財又はサービスの提供義務であり，当該履行義務の単位により収益を識別することとなる。

> **設例1**　収益を認識するための5つのステップ（商品の販売と保守サービスの提供）を図示すると下記のようになる。（指針設例1）

1．前提条件
　(1)　当期首に，A社はB社（顧客）と，標準的な商品Xの販売と2年間の保守サービスを提供する1つの契約を締結した。
　(2)　A社は，当期首に商品XをB社に引き渡し，当期首から翌期末まで保守サービスを行う
　(3)　契約書に記載された対価の額は12,000千円である。
　(4)　消費税等抜きで表示する。

2．上記 ❷ の収益認識のステップによって前提条件の取引を検討する。
　(1)　各ステップの検討
　　　ステップ1　A社が締結した顧客B社との契約を識別する
　　　ステップ2　商品Xの販売と保守サービスの提供を履行義務として識別し，それぞれを収益認識の単位とする。
　　　ステップ3　商品Xの販売及び保守サービスの提供に対する取引価格をステップ1の契約により合計12,000千円と算定する。
　　　ステップ4　商品X及び保守サービスの取引価格12,000千円を独立販売価格に基づき各履行義務（商品X及び保守サービス）に配分

■収益認識に関する会計基準の制定と適用例　5

するが，各独立取引価格は契約書の金額どおりなので，商品 X の取引価格は10,000千円，保守サービスの取引価格は2,000千円とする。

ステップ5　各履行義務の性質に基づき，商品 X の販売は一時点で履行義務を充足すると判断し，商品 X の引渡時に収益を認識する。また，保守サービスの提供は一定の期間にわたり履行義務を充足すると判断し，当期及び翌期の2年間にわたり収益を認識する。

(2)　A 社が当期および翌期に認識する収益は下記のとおり。

（単位：千円）

当期
商品 X の販売	10,000	
保守サービスの提供	1,000	(2,000千円÷2年間)
	11,000	

（単位：千円）

翌期
商品 X の販売	0	
保守サービスの提供	1,000	(2,000千円÷2年間)
	1,000	

(3)　次の図表は，当該契約に5つのステップを適用した場合のフローを示すものである。

6　第1章　収益認識に関する会計基準

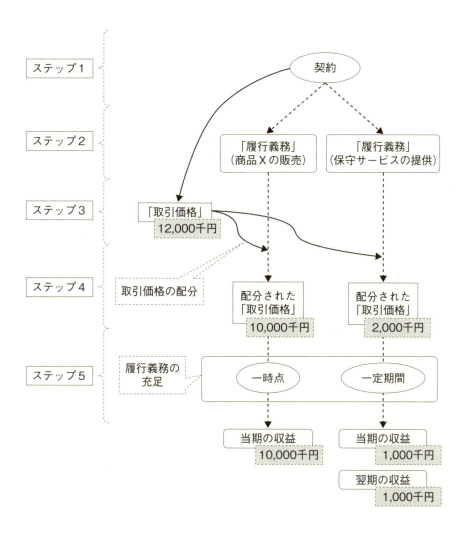

3 類似契約のグループ

本会計基準は顧客との個々の契約を対象として適用することが原則である。
ただし,重要性のある差異を生じさせない場合には,複数の特性の類似した契約又は履行義務から構成されるグループ全体を対象として適用することができる。
すなわち,多数の類似した取引があり,一括して取引価格が契約されている

場合，原則として個々の取引に取引価格を配分する必要があるが，これらの取引を一つのグループとして認識しても重要な差異がない場合は，グループ全体に取引価格を配分することができる。(18，116項)

Ⅲ 収益の認識基準

1 契約の識別

① 契約の識別とは，下記の要件のすべてを満たす顧客との契約をいう。(19項)

イ 当事者（売り手と買い手）が，書面，口頭，取引慣行等により契約を承認し，それぞれの義務の履行を約束していること

ロ 移転される財又はサービスに関する各当事者の権利が定められていること

ハ 移転される財又はサービスの支払条件が定められていること

ニ 契約に経済的実質があること（すなわち，契約の結果として，企業の将来キャッシュ・フローのリスク，時期又は金額が変動すると見込まれること）

ホ 顧客に移転する財又はサービスと交換に企業が権利を得ることとなる対価を回収する可能性が高いこと。すなわち，当該対価を回収する可能性の評価にあたっては，対価の支払期限到来時における顧客が支払う意思と能力を考慮することとなる（適用指針 [設例2]）。

② 未履行契約の解約権

契約の当事者のそれぞれが，未履行の契約を解約する一方的で強制力のある権利を有している場合には契約の実質がないので，本会計基準を適用しない。(22項)

③ 返金不要の対価

①の要件を満たさない場合，すなわち取引契約の実態がない状態において，顧客から受け取った対価の返金義務がなく，財又はサービスの移転義務がない場合，又は契約が解約されている場合には，受け取った対価を収益に計上する。(25項)

上記の収益に計上する要件を満たさない場合には，返済義務がある金額について負債を計上する。(26項)

8 第1章 収益認識に関する会計基準

④ 認識した収益の見直し

　　取引開始日に①の要件を満たした契約であると識別した場合，事実及び要件に重要な変化がない限りその見直しは行わない。ただし，顧客が対価を支払う能力が著しく低下した場合には，顧客に移転する残りの資産に係る対価の回収可能性について見直しを行う。

　　なお，すでに認識した収益等についての見直しは行わない。(120項)

設例2　対価が契約書の価額と異なる場合

１．前提条件

　　Ａ社は，汎用機械１台を100,000千円でＸ国のＢ社に販売する契約を締結した。納品時点で100,000千円の全額は回収できないと判断したが，総合的に考えて納品することとした。回収できる可能性が高いと見込む金額は40,000千円である。

　　したがって，Ａ社は，取引価額は100,000千円（固定価額）ではなく変動単価であると判断し，当該変動単価として40,000千円に対する権利を得ると判断した。(19項(5))

　　また，会計基準19項の他の要件も満たされる。

２．機械の販売時の会計処理

（単位：千円）

（借）売掛金　　　　40,000　　　（貸）売上高　　　　　40,000

2　契約の結合

　　同一の顧客（当該顧客の関連当事者を含む。）と同時又はほぼ同時に締結した複数の契約について，次の①から③のいずれかに該当する場合には，当該複数の契約を結合し，単一の契約とみなして処理する。

　　これは，区分して処理するか単一の契約とみなすかにより，収益認識の時期及び金額が異なる可能性があるため，下記の要件に当てはまる場合は単一の契約とすることとしている。(27項)

① 当該複数の契約が同一の商業的目的を有するものとして交渉されたこと

② 一つの契約において支払われる対価の額が，他の契約の価格又は履行により影響を受けること

収益認識に関する会計基準の制定と適用例　9

③ 当該複数の契約において約束した財又はサービスが，その特性から見て顧客への移転パターンが同じであること

3 契約変更

① 独立した契約とする場合

契約変更について，次の(1)及び(2)の要件のいずれも満たす場合には，当該契約変更を独立した契約として処理する。これは，追加した財又はサービスに関する独立した契約を締結した場合とその実態に相違がないためである。(30，123項)

(1) 別個の財又はサービスの追加により，契約の範囲が拡大されること

(2) 財又はサービスを追加したことにより，契約の価格が，その時価に適切な調整を加えた金額分だけ増額されること

② 独立した契約とされない場合

契約変更が上記①の要件を満たさない場合には，契約変更日において未だ移転していない財又はサービスのみについて，それぞれ次のイからハのいずれかの方法により処理する。(31項)

イ 未だ移転していない財又はサービスが契約変更日以前に移転した財又はサービスと別個のものである場合には，契約変更を既存の契約を解約して新しい契約を締結したものと仮定して処理する。

ロ 未だ移転していない財又はサービスが契約変更日以前に移転した財又はサービスと別個のものではない場合には，契約変更を既存の契約の一部であると仮定して処理する。

この変更により，契約全体の履行義務の進捗度および取引価額が変更される場合は，契約変更日において収益の額をその累積的な進捗度の影響額に基づき変更する。

ハ 未だ移転していない財又はサービスが上記イ，ロの両方を含む場合には，変更後の契約における履行義務に与える影響を，それぞれ上記イ，ロの方法に基づき処理する。

設例3 契約の遡及変更

1．前提条件

10 第1章 収益認識に関する会計基準

A社（3月決算会社）は、X1年10月1日に、2つの別個の製品X及び製品Yを販売する契約（対価は1,000千円）をB社（顧客）と締結した。A社は、製品XをX1年10月1日に、製品YをX2年4月30日にB社に引き渡す。また、製品X及び製品Yの独立販売価格は同額である。

A社とB社は、X1年11月30日に契約の範囲を変更し、まだB社に引き渡されていない製品Yに加えて、製品ZをX2年6月30日にB社に引き渡す約束を追加するとともに、契約の価格を300千円（固定対価）増額した。ただし、製品Zの独立販売価格は300千円ではなく、製品X及び製品Yの独立販売価格と同額であった。

まだB社に引き渡されていない製品Y及び製品Zは、契約変更前に引き渡した製品Xとは別個のものであり、製品Zの対価300千円は製品Zの独立販売価格を表していないため、A社は、この契約変更について、既存の契約を解約して新しい契約を締結したものと仮定して処理すると判断した。（31項(1)）

なお、便宜上消費税等は考慮しない。

2．会計処理

(1) X1年10月1日（製品Xの引渡時）

（借）売掛金　　　　　500　　（貸）売上高(*1)　　　　　500

（＊1）　製品X及び製品Yの独立販売価格は同額であり、A社は、取引価格1,000千円について、製品Xに係る履行義務と製品Yに係る履行義務に、500千円（＝1,000千円÷2）ずつ均等に配分する。したがって、A社は製品Xについて500千円の収益を認識する。

(2) X1年11月30日（契約変更時）

仕訳なし(*2)

（＊2）　条件変更後の契約の取引価格は800千円（＝製品Yに配分された取引価格500千円＋条件変更により増額された固定対価300千円）であり、A社は、当該金額を製品Yに係る履行義務と製品Zに係る履行義務に、400千円（＝800千円÷2）ずつ均等に配分する。

(3) X2年4月30日（製品Y引渡時）

（借）売掛金　　　　　400　　（貸）売上高(*3)　　　　　400

（＊3）　製品Y及び製品Zの独立販売価格は同額であり、製品Yに係る履行義務及び製品Zに係る履行義務に均等に配分する。したがって、製品Yに係る履行義務及び製品Zに係る履行義務に配分される取引価格の額は400千円となる。

■収益認識に関する会計基準の制定と適用例　11

そのため，Ａ社は製品Ｙについて400千円の収益を認識する。

(4) Ｘ2年6月30日（製品Ｚの引渡時）

（借）売掛金　　　　　　　400　　（貸）売上高(＊4)　　　　　　　400

（＊4）　Ａ社は製品Ｚについて400千円の収益を認識する。

④ 履行義務の識別

① 別個の履行義務とする場合

　　顧客が，契約において約束した複数の財又はサービスからそれぞれ単独で便益を享受できる場合には別個に収益を認識する。通常の汎用製品，商品の販売，単独で完結する一定の作業の遂行などがこれに該当する。(34項)

② 一連の履行義務とする場合

　　顧客が，契約において約束した複数の財又はサービスが，特性が実質的に同じであり，顧客への移転のパターンが同じである複数の財又はサービスである場合には，一連の財又はサービスとして収益を認識する。毎日繰り返される清掃サービスなどがこれに当たる。(32項)

⑤ 履行義務の充足による収益の認識

① 一定の期間にわたり収益を認識する場合

(1) 進捗度を合理的に見積もることができる場合

　　　収益は，財又はサービスを顧客に移転することによって認識されるが，一定の建設工事のように一定期間にわたって履行義務が充足されるような場合には，その期間にわたって収益を認識する。

　　　すなわち，次のイからハの要件のいずれかを満たす場合，資産に対する支配を顧客に一定の期間にわたり移転することにより，一定の期間にわたり履行義務を充足し収益を認識することとされる。(38項)

　　　なお，上記により一定期間にわたり収益を認識するためには，進捗度を合理的に見積もることができる場合のみである。(139項（指針15～22項))

　　イ　企業が顧客との契約における義務を履行するにつれて，顧客が便益を享受すること（一定期間のメンテナンス契約のような場合）

　　ロ　企業が顧客との契約における義務を履行することにより，資産が生じる又は資産の価値が増加し，当該資産が生じる又は当該資産の価値が増加するにつれて，顧客が当該資産を支配すること（顧客の土地に建設す

12　第1章　収益認識に関する会計基準

る建築物の請負のような場合)

ハ　次の要件のいずれも満たすこと（顧客による特別仕様の機械の製造，顧客の固有事情に関するコンサルティング契約のような場合）

a　企業が顧客との契約における義務を履行することにより，別の用途に転用することができない資産が生じること

b　企業が顧客との契約における義務の履行を完了した部分について，対価を収受する強制力のある権利を有していること。すなわち，たとえば先方事情によって当該契約が解約される場合，少なくとも履行が完了した部分についての保証を受ける権利を有している場合である。**（指針11項）**

(2)　進捗度を合理的に見積もることができない場合

進捗度を合理的に見積ることができない場合でも，当該履行義務を充足する際に発生する費用を回収することが見込まれる場合には，履行義務の充足に係る進捗度を合理的に見積ることができる時まで，一定の期間にわたり充足される履行義務について原価回収基準（発生した工事契約原価のうち，回収可能性が高い部分のみ収益を認識する方法。この方法では発生原価を超える収益は計上されない）により処理する。**(45項)**

> **設例4**　**一定の期間にわたる収益の認識**

1．前提条件

A社（建設会社）は，X1年度に，B社（顧客）の所有する土地にB社のためのマンションを建設する契約をB社と締結した。契約における固定対価は5,000,000千円である。

契約における取引開始日のA社の見積額は次のとおり

（単位：千円）

工事収益総額（取引価格）	5,000,000
見積工事原価	3,500,000
見積工事利益（30%）	1,500,000

A社は，B社が建設中の建物を支配しており，約束した財又はサービスの束を一定の期間にわたり充足される単一の履行義務として処理するものと判断した（38項(2)）。また，発生した原価を基礎としたインプットに基づき，履行義

■収益認識に関する会計基準の制定と適用例　13

務の充足に係る進捗度を適切に見積ることができると判断した。

X1年度末までに発生した原価は2,100,000千円であった。

なお，便宜上消費税等は考慮しない。

2．会計処理

(1) X1年度における工事収益の計上（工事原価の計上については省略する。）

（単位：千円）

（借）契約資産　　3,000,000　　（貸）工事収益(*1)　3,000,000

（*1）　5,000,000千円×X1年度末時点の工事進捗度60%（2,100,000千円÷3,500,000
千円×100%）＝3,000,000千円

② 一時点で収益を認識する場合

上記①の要件のいずれも満たさない場合は，一時点で充足される履行義務として，資産に対する支配を顧客に移転することにより当該履行義務が充足される時に，収益を認識する。

資産が顧客に移転した時点は下記を参考に決定される。(39，40項（指針14項))

イ　企業が顧客に提供した資産に関する対価を収受する権利を有していること

ロ　顧客が資産に対する法的所有権を有していること

ハ　企業が資産の物理的占有を顧客に移転したこと

ニ　顧客が資産の所有に伴う重大なリスクを負い，経済価値を享受していること

ホ　顧客が資産を検収したこと

Ⅳ　収益の額の算定

1　取引価格に基づく収益の算定

履行義務を充足した時に又は充足するにつれて，取引価格（著しい減額が発生しない可能性が高い場合に限る）のうち，当該履行義務に配分した額について収益を認識する。(46項)

すなわち，履行義務が一時に充足される場合は取引価格の全額を，一定期間にわたり充足される場合は取引価格のうち履行した部分について収益を認識す

る。

② 取引価格の算定

① 取引価格とは

　財又はサービスの顧客への移転と交換に企業が権利を得ると見込む対価の額をいう。ただし，消費税などのように第三者のために回収する額を除く。

　取引価格の算定にあたっては，契約条件や取引慣行等のほか下記の影響を考慮する。(47, 48項)

イ　変動対価（顧客と約束した対価のうち変動する可能性のある部分をいう）

ロ　契約における重要な金融要素

ハ　現金以外の対価（時価に換算して算定する）

ニ　顧客に支払われる対価（値引き，一定の販売促進費のような対価，取引価格から減額する）

② 変動対価

　変動対価の額の見積りにあたっては，発生し得ると考えられる対価の額における最も可能性の高い単一の金額（最頻値）による方法又は発生し得ると考えられる対価の額を確率で加重平均した金額（期待値）による方法のいずれかのうち，企業が権利を得ることとなる対価の額をより適切に予測できる方法を用いる。(51項)

　変動対価の取引の例として，値引き，リベート，返金，インセンティブ，業績に基づく割増金，ペナルティー，返品権付き販売などがある。(指針23項)

③ 契約における重要な金融要素

　顧客との契約に重要な金融要素が含まれる場合，取引価格の算定にあたっては，約束した対価の額に含まれる金利相当分の影響を調整する。収益は，約束した財又はサービスが顧客に移転した時点で（又は移転するにつれて），当該財又はサービスに対して顧客が支払うと見込まれる現金販売価格を反映する金額で認識する。すなわち，現金販売価格と取引金額との差額が金融要素であり，その金融要素を調整することとなる。(57項) ただし，顧客に移転した時点と支払いの時点が1年以内と見込まれる場合は調整しないことができる。(58項)

収益認識に関する会計基準の制定と適用例　15

なお，上記は契約書に明記されていない場合でも取引の実態に応じて適用される。(144項)

設例5 完成期日により対価が増減する場合

1．前提条件

　A社は，顧客の土地上に建物を建設する契約をB社と締結した。約束された対価は5,000百万円であるが，建物の完成がX2年3月31日より1日遅れるごとに対価が10百万円減額され，逆に1日早まるごとに10百万円増額される。

2．取引価格の算定

　当該建築は，一定の期間にわたり充足される履行義務であると判断した。またA社は，変動対価を見積もる方法として期待値（発生し得ると考えられる対価の額を確率で加重平均した金額）による方法を使用すると決定した。その結果，対価の額は4,900百万円と見積もった。(50，51，54項)

　なお，X1年3月31日（決算期日）の進捗度は40％であった。

　なお，便宜上消費税等は考慮しない。

3．会計処理

　X1年3月31日の収益の計上

（単位：百万円）

契約資産	1,960	売上高	1,960

　（4,900×40％＝1,960）

設例6 返品権付きの販売

1．前提条件

　A社は，製品Xを1個10千円で販売する1,000件の契約を顧客（一般消費者）と締結し（10千円×1,000個＝10,000千円），製品Xに対する支配を顧客への移転と同時に現金を受け取った。A社は製品Xの販売広告で，顧客が未使用の製品Xを30日以内に返品する場合，全額返金に応じることとしている。A社の製品Xの原価は6千円である。

　この契約は返品権付きの販売であるため，顧客から受け取る対価は変動対価である。A社が権利を得ることとなる変動対価を見積るために，A社は，当該

16　第1章　収益認識に関する会計基準

対価の額をより適切に予測できる方法として期待値による方法（発生しうると考えられる対価の額を確率で加重平均した金額）（51項）を使用することを決定し，十分な情報により製品Ｘ980個が返品されないと見積った。

　また，返品されるまでの不確実性が解消されるまでにその収益に著しい減額が発生しないと判断した。（指針25項）

　回収コストに重要性はなく，返品製品の再販売について利益が確保されると予想できる。

　なお，便宜上消費税等は考慮しない。

２．会計処理

(1)　収益の計上

（単位：千円）

| （借）現金預金 | 10,000 | （貸）売上高(*1) | 9,800 |
| | | 返品負債(*1) | 200 |

　（＊１）　返品を見込む製品Ｘ20個（1,000−980）については収益を認識せず，返品負債を認識する。（53項）（指針85項）

(2)　原価の計上

（単位：千円）

| （借）売上原価 | 5,880 | （貸）棚卸資産(*2) | 6,000 |
| 返品資産(*3) | 120 | | |

　（＊２）　6千円×1,000個＝6,000

　（＊３）　返品時に顧客から製品を回収する権利120千円（＝6千円×20個）を認識する。

　　（指針85，88，105項）

設例7　価格の引き下げが予測される場合

１．前提条件

　Ａ社は，Ｘ1年10月１日にＢ社（顧客）に対し製品Ｘを１個当たり10千円で10,000個販売した。同日，製品Ｘに対する支配はＢ社に移転した。

　Ｂ社との取引慣行により，Ｂ社が最終顧客に販売する時までにＡ社は当該製品を30％値下げすることが見込まれている。したがって，この取引における対価は変動対価であり，取引価格を70,000千円と見積もった。この値下げ率は期待値（発生しうると考えられる対価の額を確率で加重平均した金額）

収益認識に関する会計基準の制定と適用例　17

（51項）による方法により算出したものであり，見積もった取引価格は，過去の経験その他により，その不確実性は短期間に解消され，この取引の不確実性が解消される時点までに，計上された収益の著しい減損が発生しない可能性が高いと判断した。（54項）

　なお，便宜上消費税等は考慮しない。

2．会計処理

　X1年10月1日（製品Xの販売時）

（単位：千円）

（借）売掛金	70,000	（貸）売上高	70,000

設例8　取引価格の事後的な変動

1．前提条件

(1) A社（3月決算会社）は，製品Xを1個当たり10千円で販売する契約をX1年4月1日にB社（顧客）と締結した。この契約における対価には変動性があり，B社がX2年3月31日までに製品Xを10,000個よりも多く購入する場合には，1個当たりの価格を当初の販売価格にさかのぼって9千円に減額すると定めている。

(2) X1年6月30日までの第一四半期に製品XをB社に500個販売した。この時点で，A社は今期中にB社の製品Xの購入数量は10,000個を超えないと予想した。この予想は，指針25項の諸要因を考慮しても確実と判断した。

(3) その後B社はA社が予想できない要因で販路を広げ，X1年9月30日までの第二四半期に7,000個を販売した。この時点でB社の今期の販売数量は10,000個を超えると見積もった。

　なお，便宜上消費税等は考慮しない。

2．会計処理

(1) 第一四半期

（単位：千円）

（借）売掛金	5,000	（貸）売上高(*1)	5,000

（*1）　10千円×500個＝5,000千円

(2) 第二四半期

18　第1章　収益認識に関する会計基準

(単位：千円)

（借）売掛金	62,500	（貸）売上高(*2)	62,500

(＊2) 第二四半期の売上高9千円×7,000個＝63,000千円

第一四半期に販売した製品の値引き　1千円×500個＝500千円

差引第二四半期の売上げ計上高　63,000－500＝62,500千円（事後的な変動は，取引価格が変動した期に収益の額を修正する）(**74項**)

設例9 　**重要な金融要素が含まれる場合**

1．前提条件

(1) A社（3月決算会社）は，製品Xを5,000千円で販売する契約をX1年4月1日にB社（顧客）と締結した。ただし，その代金の支払いは二年後のX3年3月31日とされている。したがって，この契約には重要な金融要素が含まれていると判断した。

また，この契約に含まれる金利は市場金利を考慮して年利1％とされる。

なお，便宜上消費税等は考慮しない。

2．会計処理

(単位：千円)

(1) X1年4月1日

（借）売掛金	4,901	（貸）売上高(*1)	4,901

(＊1) $5,000÷(1+0.01)^2＝4,901$

(2) X2年3月31日

（借）売掛金	49	（貸）受取利息(*2)	49

(＊2) $4,901×0.01＝49$

(2) X3年3月31日

（借）売掛金	50	（貸）受取利息(*3)	50
（借）現金	5,000	（貸）売掛金	5,000

(＊3) $5,000－4,901－49＝50$

3 　履行義務への取引価格の配分

① 独立販売価格による配分

それぞれの履行義務（あるいは別個の財又はサービス）に対する取引価格

■収益認識に関する会計基準の制定と適用例　19

の配分は，原則として契約におけるそれぞれの履行義務の基礎となる別個の財又はサービスについて，契約における取引開始日の独立販売価格を算定し，取引価格を当該独立販売価格の比率に基づき配分する。

なお，独立販売価格は企業が通常付している価格や定価によることもできるが，より正しい価格が入手できればそれによる。(66，68項)

② 値引きの配分

財又はサービスの独立販売価格の合計額が当該契約の取引価格を超える場合には，契約における財又はサービスについて顧客に値引きを行っているものとして，当該値引きについて，契約におけるすべての履行義務に対して比例的に配分する。

ただし，通常値引き販売している財又はサービスがあり，その値引き額が当該値引き額と同額であるなど値引き額が特定の財からされている証拠がある場合にはその財に値引き額を配分する。(70，71項)

設例10 値引きを複数の履行義務に配分する場合

1．前提条件

A社は，B社に製品X及びYを90千円で販売する契約を締結した。

A社は通常，製品Xを50千円Yを70千円で販売している。(この価額は独立販売価格である)

なお，便宜上消費税等は考慮しない。

2．取引価格の配分

取引価格を独立販売価格の比率に基づき配分する場合には，2つの履行義務に比例的に値引きを配分することになる。(70項)

(単位：円)

製品	配分した取引価格
製品X	37,500 （＝50,000÷独立販売価格の合計120,000×90,000）
製品Y	52,500 （＝70,000÷独立販売価格の合計120,000×90,000）
合計	90,000

③ 変動対価の配分

下記の要件のいずれも満たす場合には，変動対価を当該別個の財又はサービスにのみ配分する。(72項)

20 第1章 収益認識に関する会計基準

イ　変動性のある支払の条件が，当該履行義務を充足するための活動や当該別個の財又はサービスを移転するための活動に個別に関連していること。（たとえば納品期日を守ったサービスについて受け取る割増金であればそのサービスのみに配分する）

ロ　契約における履行義務及び支払条件のすべてを考慮した場合，変動対価のすべてを当該財又はサービスに配分することが合理的であること。

4　取引価格の変動

取引価格の事後的な変動については，その後における独立販売価格の変動を考慮せず，契約における取引開始日と同じ配分方法により契約における履行義務に配分する。取引価格の事後的な変動のうち，既に配分された額については，取引価格が変動した期の収益の額を修正する。すなわち遡及しない。

ただし，**3** ③の要件を満たす場合には，その修正額を一つ又は複数の履行義務に配分する。(74，75項)

Ⅴ　特定の状況又は取引における取扱い

1　財又はサービスに対する保証

約束した財又はサービスに対する保証が，当該財又はサービスが合意された仕様に従っているという保証のみの場合は履行義務ではない。顧客にサービスを提供する保証を含む場合には，当該保証サービスは履行義務であり，取引価格を財又はサービス及び当該保証サービスに配分する。(指針35項)

2　本人と代理人の区分

① 本人に該当する場合

財又はサービスが顧客に提供される前に，企業が当該財又はサービスを支配している又は在庫リスクを有しているときには，企業は本人に該当する。

その場合，当該財又はサービスの提供と交換に企業が権利を得ると見込む対価の総額を収益として認識する。

② 代理人に該当する場合

他の当事者が提供する財又はサービスが顧客に提供される前に，企業が当該財又はサービスを支配していないときには，企業は代理人に該当する。

収益認識に関する会計基準の制定と適用例　21

企業が代理人に該当するときには，他の当事者により提供されるように手配することと交換に企業が権利を得ると見込む報酬又は手数料の金額（あるいは他の当事者が提供する財又はサービスと交換に受け取る額から当該他の当事者に支払う額を控除した純額）を収益として認識する。**(指針39〜47項)**

設例11 **企業が代理人に該当する場合**

1．前提条件

　A社はウェブサイトを運営しており，顧客は当該ウェブサイトを通じて，多くの供給者から製品を直接購入することができる。A社は，B社（供給者）との契約条件に基づき，B社の製品Xが当該ウェブサイトを通じて販売される場合には，製品Xの販売価格の10％に相当する手数料を得る。

　ほかに下記の事実がある。

① 　A社は，顧客に提供する特定の財は，B社が提供する製品Xであり，他の財又はサービスの提供を顧客に約束していない。

② 　A社は，どの時点においても顧客に製品Xの提供方法を指図する能力を有しておらず，B社の製品Xの在庫を支配していないため，当該ウェブサイトを通じて注文する顧客に製品Xが提供される前に製品Xを支配していない。

③ 　A社は，B社が製品Xを顧客に提供できない場合に製品Xを提供する義務はなく，製品Xを提供するという約束の履行に対する責任も負っていない。また製品Xの損傷又は返品に対する責任も負っていない。

④ 　製品Xの価格の設定においてA社には裁量権がない。販売価格はB社によって設定される。

　上記の事実から，A社は，代理人であるとの結論を得た。

　なお，便宜上消費税等は考慮しない。

2．会計処理

　顧客がウェブサイトを通じて1,000千円の製品Xを購入した日における仕訳は，次のとおりである。

（単位：千円）

| （借）売掛金 | 100 | （貸）手数料収入(*1) | 100 |

（＊1） B社により製品Xが顧客に提供されるよう手配するという約束をA社が充足する時に，A社は手数料の金額100千円（＝1,000千円×10％）を収益として認識する。（指針40項）

3 追加の財又はサービスを取得するオプションの付与

顧客との契約において，既存の契約に加えて追加の財又はサービスを取得するオプションを顧客に付与する場合には，当該オプションが当該契約を締結しなければ顧客が受け取れない重要な権利を顧客に提供するときにのみ，当該オプションから履行義務が生じる。たとえば販売インセンティブ，顧客特典クレジット，顧客に一定割合で付与するポイント，契約更新オプション等がこれに該当する。

この場合には，将来の財又はサービスが移転する時（ポイントが使用された時など），あるいは当該オプションが消滅する時（有効期限切れの時など）に収益を認識する。（指針48項）

設例12 ポイントを付与する場合

1．前提条件
(1) A社は，A社の商品を顧客が100円分購入するごとに1ポイントを顧客に付与する。顧客は，ポイントを使用して，A社の商品を将来購入する際に1ポイント当たり1円の値引きを受けることができる。
(2) X1年度中に，顧客はA社の商品100,000円（独立販売価格も同額）を現金で購入し，1,000ポイント（＝100,000円÷100円×1ポイント）を獲得した。
(3) A社は商品の販売時点で，将来900ポイントが使用されると見込んだ。A社は，1ポイント当たりの独立販売価格を0.9円（合計額は900円（＝0.9円×1,000ポイント））と見積った。（指針50項）
(4) 当該ポイントは，契約を締結しなければ顧客が受け取れない重要な権利を顧客に提供するものであるため，A社は，顧客へのポイントの付与により履行義務が生じることとなる。
(5) A社はX2年度末において，使用されるポイント総数の見積りを平均的な使用実績を考慮して920ポイントに更新した。

■収益認識に関する会計基準の制定と適用例　23

(6) 各年度に使用されたポイント，決算日までに使用されたポイント累計及び使用されると見込むポイント総数は次のとおりである。

	X1年度	X2年度
各年度に使用されたポイント	450	400
決算日までに使用されたポイント累計	450	850
使用されると見込むポイント総数	900	920

なお，便宜上消費税等は考慮しない。

2．会計処理

(1) 商品の販売時

(単位：円)

(借) 現金預金　　　　100,000　　　(貸) 売上高(＊1)　　　99,108
　　　　　　　　　　　　　　　　　　契約負債(＊1)　　　　892

(＊1)　A社は，取引価格100,000円を商品とポイントに独立販売価格の比率で次のとおり配分する。

商品　99,108円＝100,000円×独立販売価格100,000円÷100,900円

ポイント　892円＝100,000円×独立販売価格900円÷100,900円

(2) X1年度末

(借) 契約負債(＊2)　　　　446　　　(貸) 売上高　　　　446

(＊2)　X1年度末までに使用されたポイント450ポイント÷使用されると見込むポイント総数900ポイント×892円＝446円

(3) X2年度末

(借) 契約負債(＊3)　　　　378　　　(貸) 売上高　　　　378

(＊3)　(X2年度末までに使用されたポイント累計850ポイント÷使用されると見込むポイント総数920ポイント×892円) −X1年度末に収益を認識した446円＝378円

4 顧客により行使されない権利（非行使部分）

　顧客から企業に一定の前払いがなされた場合，将来において企業は顧客に資産を移転するための準備を行う義務を負うが，顧客は当該権利のすべては行使しない場合がある。これを「非行使部分」という。

　企業は，当該非行使部分の金額について，顧客によって行使しないと予測される金額について収益を認識する。

　また，非行使部分について，企業が将来において顧客に資産を移転すると見

込まない場合には，顧客が残りの権利を行使する可能性が極めて低くなった時に収益を認識する。（**指針52～54項**）

> **設例13** **商品券の販売**

1．前提条件

A社は，1枚千円の商品券1,000枚を1,000千円で顧客Bに販売した。A社は商品券の販売時点で，将来950枚が使用されると見込んだ。

当該商品券は，発行した期にA社商品の購入に300枚使用された。

なお，便宜上消費税等は考慮しない。

2．会計処理

(1) 商品券の販売時

(単位：千円)

（借）現金預金	1,000		（貸）契約負債	1,000

(2) 商品券行使時

（借）契約負債	316		（貸）売上高	300
			雑収入(*1)	16

（＊1） 非行使部分　1×（1,000－950）＝50　行使割合　300÷950＝31.6%

　　　　50×31.6%＝16（非行使部分については，顧客による権利行使のパターンと比例的に収益を認識する）（**指針54項**）

⑤ 買 戻 契 約

企業が商品又は製品を買い戻す義務あるいは企業が商品又は製品を買い戻す権利（コール・オプション）を有している場合には，顧客は当該商品又は製品に対する支配を獲得していない。

商品又は製品の買戻価格が当初の販売価格より低い場合には，その取引の経済的実質に合わせて，当該契約を「リース取引に関する会計基準」に従ってリース取引として処理する。商品又は製品の買戻価格が当初の販売価格以上の場合には，その取引の経済的実質に合わせて，当該契約を金融取引として処理する。

企業が顧客の要求により商品又は製品を当初の販売価格より低い金額で買い戻す義務（プット・オプション）を有している場合には，契約における取引開

■収益認識に関する会計基準の制定と適用例　25

始日に，顧客が当該プット・オプションを行使する重要な経済的インセンティブを有している場合にはリース取引として処理し，有していない場合には返品権付きの販売として処理する。(指針69〜74項)

6 委託販売契約

企業が，商品又は製品を最終顧客に販売するために，販売業者等の他の当事者に引き渡す場合で，当該他の当事者が当該商品又は製品に対する支配を獲得していない場合，商品等の返還を要求できることその他の要件を満たしているときは委託販売契約とされ，他の当事者への商品又は製品の引渡時に収益を認識しない。(指針75，76項)

7 請求済未出荷契約

請求済未出荷契約とは，企業が商品又は製品について顧客に対価を請求したが，将来において顧客に移転するまで企業が当該商品又は製品の物理的占有を保持する契約をいう。(指針77〜79項)

次の①から④の要件のすべてを満たす場合には，顧客が商品又は製品の支配を獲得する。すなわち，一時点で履行義務が充足される契約の場合にはその時点で収益が計上される。

① 請求済未出荷契約を締結した合理的な理由があること（例えば，顧客からの要望による場合）

② 当該商品又は製品が，顧客に属するものとして区分して識別されていること

③ 当該商品又は製品について，顧客に対して物理的に移転する準備が整っていること

④ 当該商品又は製品を使用しあるいは他の顧客に振り向けることができないこと

8 返品権付きの販売

返品権付きの財又はサービスを販売した場合は，次の①から③のように処理する（指針85項）

① 企業が返品されると見込まれる財又はサービスの対価の額を控除した金額で収益を認識する。

26 第1章 収益認識に関する会計基準

② 返品されると見込まれる財又はサービスについては収益を認識せず，当該財又はサービスについて返金負債を認識する。

③ 返金負債の決済時に顧客から財又はサービスを回収する権利（回収費用等を除く）について資産を認識する。

設例14　消化仕入契約

1．前提条件

(1) 百貨店を営む A 社は，仕入先より商品を仕入れ，店舗に陳列し，個人顧客に対し販売している。

　　仕入先との契約は，主として消化仕入契約である。消化仕入契約では，A 社は，店舗への商品納品時には検収を行わず，店舗にある商品の法的所有権は仕入先が保有している。

　　顧客への商品販売時に，商品の法的所有権は仕入先から A 社に移転し，同時に顧客に移転する。

　　したがって，A 社は，商品の法的所有権を，顧客に移転される直前に一時的に獲得しているものの，在庫リスクを一切負っておらず，また，当該商品について，顧客に販売されるまでのどの時点においてもその提供方法を指図する能力を有していないため，当該商品は顧客に提供される前に支配していないと判断した。したがって，A 社は，消化仕入契約においては，自らの履行義務は商品が提供されるように手配することであり，自らは代理人に該当すると判断した。**(指針45，47項)**

(2) A 社は，消化仕入契約の対象の商品 Y を100,000円で顧客に現金で販売した。同時に，商品 Y の仕入先 B 社との消化仕入契約に基づき買掛金を70,000円で計上した。

　　なお，便宜上消費税等は考慮しない。

2．会計処理

（単位：円）

（借）現金預金	100,000	（貸）買掛金	70,000
		手数料収入(＊1)	30,000

（＊1）　A 社は代理人として，B 社により提供された商品を顧客に販売したことにより受け取った対価100,000円から B 社に支払う対価70,000円を控除した純額を収益と

収益認識に関する会計基準の制定と適用例　27

して認識する。この結果，手数料収入は純額の30,000円で計上する。(指針40項)

⑨　工事契約等から損失が見込まれる場合の取扱い

　工事契約について，工事原価総額等が工事収益総額を超過する可能性が高く，かつ，その金額を合理的に見積ることができる場合には，その超過すると見込まれる額のうち，当該工事契約に関して既に計上された損益の額を控除した残額を，その期の損失として処理し，工事損失引当金を計上する。受注制作のソフトウェアについても同様とする。(指針90〜91項)

設例15　工事損失引当金

１．前提条件

(1) A社は，X1年度の期首に，道路の建設についての契約をB市と締結した。契約で取り決められた当初の工事収益総額は5,000百万円である。A社の工事原価総額の当初見積額は4,900百万円である。道路の建設には2年を要する予定である。

(2) X1年度末において，A社の工事原価総額の見積額は5,100百万円に増加したが，工事契約金額の見直しは行われなかった。

(3) A社は，決算日における工事進捗度を原価比例法により算定している。各年度での見積られた工事収益総額，工事原価総額及び決算日における工事進捗度は次のとおりである。

(単位：百万円)

	X1年度	X2年度
工事収益総額	5,000	5,000
過年度に発生した工事原価の累計	−	2,040
当期に発生した工事原価	2,040	3,060
完成までに要する工事原価	3,060	−
工事原価総額	5,100	5,100
工事損失	△100	△100
決算日における工事進捗度	(*1)40%	100%

（＊1）　X1年度の進捗度40%（＝2,040百万円÷5,100百万円×100%）

２．会計処理

28　第1章　収益認識に関する会計基準

(1) X1年度の会計処理

工事収益2,000百万円（＝5,000百万円×40％）及び工事原価2,040百万円が計上され，

（借）契約資産	2,000	（貸）工事収益	2,000
（借）売上原価	2,040	（貸）契約負債	2,040

工事損失引当金が次のとおり計上される（**指針90項**）。

（借）売上原価	60	（貸）工事損失引当金^{（＊2）}	60

（＊2）　見積工事損失△100百万円（＝5,000百万円－5,100百万円）

　　　　 －X1年度計上損失△40百万円（＝2,000百万円－2,040百万円）

　　　　 ＝工事損失引当金繰入額△60百万円

(2) X2年度の会計処理

工事収益3,000百万円（＝5,000百万円－2,000百万円）及び工事原価3,060百万円が計上され，

（借）契約資産	3,000	（貸）工事収益	3,000
（借）売上原価	3,060	（貸）契約負債	3,060

工事損失引当金が次のとおり取り崩される。

（借）工事損失引当金	60	（貸）売上原価	60

10 有償支給取引

　下請け企業等に部品の加工を依頼するなどの取引にみられる有償支給取引において，企業が下請け企業等に支給品を買い戻す義務を負っていない場合，企業は当該支給品の消滅を認識することとなるが，最終製品の販売収益との二重計上となることを防ぐため，当該支給品の譲渡に係る収益は認識しない。

　一方，有償支給取引において，企業が下請け企業等に支給品を買い戻す義務を負っている場合，企業は支給品の譲渡に係る収益を認識せず，当該支給品の消滅も認識しないこととなるが，個別財務諸表においては，支給品の在庫管理の困難性を考慮して，支給品の譲渡時に当該支給品の消滅を認識することができる。なお，その場合であっても，当該支給品の譲渡に係る収益は認識しない。（指針104項）

Ⅵ 重要性に関する代替的な取扱い

　新会計基準では，これまで我が国で行われてきた実務等に配慮し，財務諸表

間の比較可能性を大きく損なわせない範囲で，下記のような個別項目に対する重要性の記載等，代替的な取扱いを定めている。(指針92—103項)

① 契約変更

契約変更による財又はサービスの追加が既存の契約内容に照らして重要性が乏しい場合には，本会計基準に定められたいずれの方法も適用することができる。

② 履行義務の識別

約束した財又はサービスが，顧客との契約の観点から見て，当該契約全体と比較して質的量的に重要性が乏しい場合には，当該約束が履行義務であるのかについて評価しないことができる。

③ 一定の期間にわたり充足される履行義務

期間がごく短い工事契約及び受注制作のソフトウェアは，完全に履行義務を充足した時点で収益を認識することができる。

船舶による運送サービスについて，一航海の船舶が発港地を出発してから帰港地に到着するまでの期間が通常の期間である場合には，顧客ごとの積載期間を考慮せず，複数の顧客の貨物を積載する船舶の一航海を単一の履行義務としたうえで，当該期間にわたり収益を認識することができる。

④ 出荷基準等の取扱い

国内における出荷時から当該商品又は製品の支配が顧客に移転される時までの期間が通常の期間（一般的に数日程度）である場合には，出荷時から当該商品又は製品の支配が顧客に移転される時までの間の一時点（例えば，出荷時や着荷時）に収益を認識することができる。

Ⅶ 表示，注記等

1 表 示

企業が契約を履行している場合又は履行する前に顧客から対価を受け取る場合には，下記を貸借対照表に区分表示又は注記する。なお，貸借対照表に表示する場合の実際の科目名は，その性質を適切に示す科目名を用いることとなる。(79項)

ただし，本会計基準を早期適用する場合は，区分表示又は注記を要しないこととされた。(88項)

30 第1章 収益認識に関する会計基準

① 「債権」 企業が顧客に移転した財又はサービスと交換に受け取る対価に対する企業の権利のうち無条件のものをいう。すなわち，通常売掛金と表示されるような対価に対する法的な請求権を持つものである。(12項)

② 「契約資産」 企業が顧客に移転した財又はサービスと交換に受け取る対価に対する企業の権利のうち，上記の債権以外のものをいう。工事進行基準により資産として計上されるものなどである。(10項)

③ 「契約負債」 財又はサービスを顧客に移転する企業の義務に対して，企業が顧客から対価を受け取ったもの又は対価を受け取る期限が到来しているものをいう。すなわち，通常前受金と表示される債務である。(11項)

また，損益計算書に表示される収益の表示科目については，本会計基準が適用される時までに企業会計基準委員会で検討することとされている。それまでは，実務において現在用いられている売上高，売上収益，営業収益等の科目を継続して用いることができる。(155項)

2 注 記 事 項

注記事項は，本会計基準が適用される時までに企業会計基準委員会で検討することとされている。それまでは，下記を個別の注記として開示する。(80，156項)

① 企業の主要な事業における主な財又はサービス

② 収益を認識する通常の時点（商品等の出荷時，引渡時，サービスの提供に応じてあるいはサービスの完了時）

3 適 用 時 期

① 原　　則

本会計基準は，平成33年4月1日以後開始する連結会計年度及び事業年度の期首から適用される。(81項)

② 早 期 適 用

平成30年4月1日以後開始する連結会計年度及び事業年度の期首又は平成30年12月31日に終了する連結会計年度及び事業年度から平成31年3月30日に終了する連結会計年度及び事業年度までにおける年度末に係る連結財務諸表及び個別財務諸表から本会計基準を適用することができる。(82，83項)

4 経過措置

① 原則的な取扱い

本会計基準の適用初年度においては，会計基準等の改正に伴う会計方針の変更として取り扱う。したがって，原則として新たな会計方針を過去の期間のすべてに遡及適用することとなる。(84項)

ただし，実務上の負担を軽減するため，遡及適用について一定の簡便的な取り扱いが定められている。(85項)

② 例　　外

新たな会計方針を過去の期間に遡及適用した場合の適用初年度の累積的影響額を，適用初年度の期首の利益剰余金に加減し，当該期首残高から新たな会計方針を適用することができる。

③ 消費税等の取扱い

金融機関などはその収益のほとんどが不課税売上のため，税込経理が認められている。本会計基準により税抜経理をすることとなるため，下記の経過措置が設けられている。

本会計基準の適用初年度において，消費税の会計処理を税込方式から税抜方式に変更する場合には，会計基適用初年度の期首より前までに税込方式に従って消費税等が算入された固定資産等の取得原価から消費税等相当額を控除しないことができる。(89項)

[小島　昇]

第2章

収益認識基準の制定に伴う法人税法の対応

「新会計基準」の概要と法人税法の対応

　平成30年3月30日，企業会計基準委員会は，収益認識に関する包括的な会計基準及びその適用指針，いわゆる「新会計基準」を公表した。

　一方，税制面では，同委員会が，平成29年7月20日に公表した公開草案を踏まえ，すでに平成30年度税制改正において，資産の販売等に係る収益の認識に関する法令に整備が行われたが，あわせて法人税基本通達等の改定と見直しも本年5月30日に明らかになった。

　本稿では，この一連の変更について，「新会計基準」の背景と概要，そして「新会計基準」が影響を及ぼした法人税法改正の概要と課題を紹介する。

I 「新会計基準」導入の経緯と背景

　企業会計基準委員会が，「新会計基準」の公表に当たって表明した経緯と背景については，おおむね以下の内容である。

　すなわち，わが国においては，企業会計原則の損益計算書原則に，「売上高は，実現主義の原則に従い，商品等の販売又は役務の給付によって実現したものに限る。」とされているものの，収益認識に関する包括的な会計基準はこれまで開発されていなかった。一方，国際会計基準審議会（IASB）及び米国財務会計基準審議会（FASB）は，共同して収益認識に関する包括的な会計基準の開発を行い，平成26年5月に「顧客との契約から生じる収益」（IASBにおいては IFRS 第15号，FASB においては Topic606）を公表している。

　これらの状況を踏まえ，わが国における収益認識に関する包括的な会計基準の開発に向けた検討に着手することを決定し，その後平成28年2月に，適用上の課題等に対する意見を幅広く把握するため，「収益認識に関する包括的な会計基準の開発についての意見の募集」を公表した。この意見募集に寄せられた意見等を踏まえ審議を行い，平成29年7月20日に公開草案を公表し，公開草案に対して寄せられた意見等について検討を重ねたのち，「新会計基準」を公表

34　第2章　収益認識基準の制定に伴う法人税法の対応

するに至った。

　法人税務の視点からすると，収益認識の基準については，昭和40年における法人税法の大改正においても的確な基準は規定されず，いわば通達課税に依拠されてきた。この収益認識の判断については，課税所得の計算上，企業会計，商法，会社法との整合を図るための意見書，それに対する論議などの変遷が見られ，また判例，裁決事例において幾多の論争を経てきた。その論議論争を改めて振り返るならば，今般の「新会計基準」が法人税務の明確化に寄与したことは評価すべきである。ただ，その背景に，国際的な会計指針が存在することを踏まえると，税務の国際化と単純に理解できるかは，今後の問題かもしれない。

Ⅱ 「新会計基準」の基本方針

　企業会計基準委員会では，収益認識に関する会計基準の開発にあたっての基本的な方針として，IFRS第15号と整合性を図る便益のひとつである財務諸表間の比較可能性の観点から，IFRS第15号の基本的な原則を取り入れることを出発点とし，新会計基準を定めることとしている。また，これまでわが国で行われてきた実務等に配慮すべき項目がある場合には，比較可能性を損なわせない範囲で代替的な取扱いを追加することになっている。

1 連結財務諸表に関する方針

　基本的な方針の下，連結財務諸表に関して，次の開発の方針を定めている。

①　IFRS第15号の定めを基本的にすべて取り入れる。

②　適用上の課題に対応するために，代替的な取扱いを追加的に定める。代替的な取扱いを追加的に定める場合，国際的な比較可能性を大きく損なわせないものとすることを基本とする。

①の方針を定めた理由は，次のとおりと示している。

ア　収益認識に関する包括的な会計基準の開発の意義の１つとして，国際的な比較可能性の確保が重要なものと考えられること

イ　IFRS第15号は，５つのステップに基づき，履行義務の識別，取引価格の配分，支配の移転による収益認識等を定めており，部分的に採用することが困難であると考えられること

■「新会計基準」の概要と法人税法の対応　35

2 個別財務諸表に関する方針

　連結財務諸表に関する方針を定めたうえで個別財務諸表の取扱いについて審議がなされた。審議の過程では，次のとおり，さまざまな意見が聞かれたという。

　①　経営管理の観点からは，連結財務諸表と個別財務諸表の取扱いは同一の内容とすることが好ましい。

　②　国際財務報告基準（IFRS）又は米国会計基準により連結財務諸表を作成している企業にとっては，個別財務諸表も，IFRS 第15号又は Topic 606 を基礎とした内容とすることが好ましい。

　③　個別財務諸表については，中小規模の上場企業や連結子会社を含むさまざまな企業に影響を及ぼすため，可能な限り簡素な定めとして，会計基準の導入時及び適用時のコストを軽減すべきである。

　④　個別財務諸表における金額は，関連諸法規等に用いられ，特に法人税法上の課税所得計算の基礎となるため，法人税との関係に配慮すべきである。

その結果，次を理由に，基本的には，連結財務諸表と個別財務諸表において同一の会計処理を定めることとしたとしている。

　①　企業会計基準委員会において，これまでに開発してきた会計基準では，基本的に連結財務諸表と個別財務諸表において同一の会計処理を定めてきたこと

　②　連結財務諸表と個別財務諸表で同一の内容としない場合，企業が連結財務諸表を作成する際の連結調整に係るコストが生じる。一方，連結財務諸表と個別財務諸表で同一の内容とする場合，中小規模の上場企業や連結子会社等における負担が懸念されるが，重要性等に関する代替的な取扱いの定めを置くこと等により一定程度実務における対応が可能となること

3 「新会計基準」の適用範囲

　新会計基準は，次の①から⑥を除き，顧客との契約から生じる収益に関する会計処理及び開示に適用される。

　①　企業会計基準第10号「金融商品に関する会計基準」の範囲に含まれる金融商品に係る取引

　②　企業会計基準第13号「リース取引に関する会計基準」の範囲に含まれる

36　第2章　収益認識基準の制定に伴う法人税法の対応

● 図表－1　今回の会計基準等の適用から外れる取引等

	適用範囲から外れる取引等の内容
①	企業会計基準第10号「金融商品に関する会計基準」の範囲に含まれる金融商品に係る取引
②	企業会計基準第13号「リース取引に関する会計基準」の範囲に含まれるリース取引
③	保険法（平成20年法律第56号）における定義を満たす保険契約
④	顧客又は潜在的な顧客への販売を容易にするために行われる同業他社との商品又は製品の交換取引
⑤	金融商品の組成又は取得に際して受け取る手数料
⑥	日本公認会計士協会　会計制度委員会報告第15号「特別目的会社を活用した不動産の流動化に係る譲渡人の会計処理に関する実務指針」の対象となる不動産（不動産信託受益権を含む）の譲渡

出典：『速報税理』2018年4月21日号

リース取引

③　保険法（平成20年法律第56号）における定義を満たす保険契約

④　顧客又は潜在的な顧客への販売を容易にするために行われる同業他社との商品又は製品の交換取引

⑤　金融商品の組成又は取得に際して受け取る手数料

⑥　日本公認会計士協会会計制度委員会報告第15号「特別目的会社を活用した不動産の流動化に係る譲渡人の会計処理に関する実務指針」の対象となる不動産（不動産信託受益権を含む）の譲渡

4　「新会計基準」による会計処理

　新会計基準の基本となる原則は，約束した財又はサービスの顧客への移転を当該財又はサービスと交換に企業が権利を得ると見込む対価の額で描写するように，収益を認識することである。基本となる原則に従って収益を認識するために，次の5つのステップを適用する。

● 図表－2　収益を認識するための5つのStep

段　階	認識・識別・算定・配分の内容
Step 1	顧客との契約を識別する。
Step 2	契約における履行義務を識別する。
Step 3	取引価格を算定する。
Step 4	契約における履行義務に取引価格を配分する。
Step 5	履行義務を充足した時に又は充足するにつれて収益を認識する。

出典：『速報税理』2018年4月21日号

■「新会計基準」の概要と法人税法の対応　37

ステップ1：顧客との契約を識別する。

ステップ2：契約における履行義務を識別する。

ステップ3：取引価格を算定する。

ステップ4：契約における履行義務に取引価格を配分する。

ステップ5：履行義務を充足した時に又は充足するにつれて収益を認識する。

Ⅲ 「新会計基準」における収益認識のステップ

1 契約の識別（ステップ1）

新会計基準等を適用するにあたっては，次の①から⑤の要件のすべてを満たす顧客との契約を識別する。

① 当事者が，書面，口頭，取引慣行等により契約を承認し，それぞれの義務の履行を約束していること

② 移転される財又はサービスに関する各当事者の権利を識別できること

③ 移転される財又はサービスの支払条件を識別できること

④ 契約に経済的実質があること

⑤ 顧客に移転する財又はサービスと交換に企業が権利を得ることとなる対価を回収する可能性が高いこと。当該対価を回収する可能性の評価にあたっては，対価の支払期限到来時における顧客が支払う意思と能力を考慮する。

2 履行義務の識別（ステップ2）

契約における取引開始日に，顧客との契約において約束した財又はサービスを評価し，次の①又は②のいずれかを顧客に移転する約束のそれぞれについて履行義務として識別する。

① 別個の財又はサービス

② 一連の別個の財又はサービス

3 履行義務の充足による収益の認識（ステップ5）

企業は約束した財又はサービス（以下「資産」と記載することもある。）を顧客に移転することにより履行義務を充足した時に又は充足するにつれて，収益を認識する。資産が移転するのは，顧客が当該資産に対する支配を獲得した

時又は獲得するにつれてである。

　次の①から③の要件のいずれかを満たす場合，資産に対する支配を顧客に一定の期間にわたり移転することにより，一定の期間にわたり履行義務を充足し収益を認識する。

①　企業が顧客との契約における義務を履行するにつれて，顧客が便益を享受すること

②　企業が顧客との契約における義務を履行することにより，資産が生じる又は資産の価値が増加し，当該資産が生じる又は当該資産の価値が増加するにつれて，顧客が当該資産を支配すること

③　次の要件のいずれも満たすこと

　ア　企業が顧客との契約における義務を履行することにより，別の用途に転用することができない資産が生じること

　イ　企業が顧客との契約における義務の履行を完了した部分について，対価を収受する強制力のある権利を有していること

　上記の①から③の要件のいずれも満たさず，履行義務が一定の期間にわたり充足されるものではない場合には，一時点で充足される履行義務として，資産に対する支配を顧客に移転することにより当該履行義務が充足される時に，収益を認識する。

Ⅳ　「新会計基準」による収益の額の算定ステップ

①　取引価格に基づく収益の額の算定（**ステップ３及び４**）

　履行義務を充足した時に又は充足するにつれて，取引価格のうち，当該履行義務に配分した額について収益を認識する。

②　取引価格の算定（**ステップ３**）

　取引価格とは，財又はサービスの顧客への移転と交換に企業が権利を得ると見込む対価の額であり，第三者のために回収する額を含まないものをいう。取引価格を算定する際には，次のアからエのすべての影響を考慮する。

　ア　変動対価

　イ　契約における重要な金融要素

　ウ　現金以外の対価

　エ　顧客に支払われる対価

③　履行義務への取引価格の配分（**ステップ４**）

■「新会計基準」の概要と法人税法の対応　39

それぞれの履行義務（あるいは別個の財又はサービス）に対する取引価格の配分は，財又はサービスの独立販売価格の比率に基づき，当該財又はサービスの顧客への移転と交換に企業が権利を得ると見込む対価の額を描写するように行う。

Ⅴ　従前における法人税法の考え方

周知のように法人税法は，収益認識について，「内国法人の各事業年度の所得の金額の計算上当該事業年度の益金の額に算入すべき金額は，別段の定めがあるものを除き，資産の販売，有償又は無償による資産の譲渡又は役務の提供，無償による資産の譲受けその他の取引で資本等取引以外のものに係る当該事業年度の収益の額とする」（法法22②）と定めていた。さらに，収益認識の判断基準については，「当該事業年度の収益の額…は，一般に公正妥当と認められる会計処理の基準に従って計算されるものとする」（法法22④）と規定するに止まっていた。

従来から，法人税法においては，この公正妥当基準に依存している傾向が強い。一方，会計慣行という会計処理も存在する。企業会計の目的は，企業の利害関係者に対して企業の経営成績と財政状態を適正に開示することにある。会計処理と税務手続の矛盾は，その目的も異なることはいうまでもないが，この法人税法が定める公正妥当基準の曖昧さが，その要因のひとつといえる。公正妥当基準がどのようなものなのかを規定する明確な法律が存在しないため，その解釈としてさまざまな考え方がある。

公正妥当とする判断が課税の都合という理由で，課税庁に誘導され，恣意的に変化するならば，その課税に対する規範性は全く存在しないという批判もあった。課税要件を明確にすることが租税法律主義の要請であるとするならば，公正妥当の範疇と意義の明確化は確立すべき課題とされてきた。

もちろん企業会計原則や確立された会計慣行を用いることが，必ずしも担税力に応じた課税の実現につながるとは限らない。また税務上，公正妥当ではないと判断される会計処理の存在に常に注意する必要もあった。

もっとも，わが国の会計基準が国際的な会計基準への収斂を進めている影響で，公正妥当基準にも国際的な会計基準の影響が出てくることが考えられるという指摘も見られた。

Ⅵ 平成30年度税制改正大綱の趣旨

　平成30年度税制改正大綱では，「法人税における収益の認識等について，次の措置を講ずる」として，おおむね以下のように施策を示した。いうまでもないことであるが，「新会計基準」が示すことになる収益認識の明確化に対応し，整合性を保つための措置である。

① 　資産の販売若しくは譲渡又は役務の提供（以下「資産の販売等」）に係る収益の額として所得の金額の計算上益金の額に算入する金額は，原則として，その販売もしくは譲渡をした資産の引渡しの時における価額又はその提供をした役務につき通常得べき対価の額に相当する金額とすることを法令上明確化する。この場合において，引渡しの時における価額又は通常得べき対価の額は，貸倒れ又は買戻しの可能性がある場合においても，その可能性がないものとした場合の価額とする。なお，資産の販売等に係る収益の額を実質的な取引の単位に区分して計上できることとするとともに，値引き及び割戻しについて，客観的に見積もられた金額を収益の額から控除することができることとする。

② 　資産の販売等に係る収益の額は，原則として目的物の引渡し又は役務の提供の日の属する事業年度の所得の金額の計算上益金の額に算入することを法令上明確化する。

③ 　資産の販売等に係る収益の額につき一般に公正妥当と認められる会計処理の基準に従って上記②の日に近接する日の属する事業年度の収益の額として経理した場合には，上記②にかかわらず，当該資産の販売等に係る収益の額

●図表－3 　新設された法人税法22条の2

○所得税法等の一部を改正する法律（平成30年法律第7号）による改正後の法人税法
　　　第一目　収益の額
第二十二条の二　内国法人の資産の販売若しくは譲渡又は役務の提供（以下この条において「資産の販売等」という。）に係る収益の額は，別段の定め（前条第四項を除く。）があるものを除き，その資産の販売等に係る目的物の引渡し又は役務の提供の日の属する事業年度の所得の金額の計算上，益金の額に算入する。
2　内国法人が，資産の販売等に係る収益の額につき一般に公正妥当と認められる会計処理の基準に従って当該資産の販売等に係る契約の効力が生ずる日その他の前項に規定する日に近接する日の属する事業年度の確定した決算において収益として経理した場合には，同項の規定にかかわらず，当該資産の販売等に係る収益の額は，別段の定め（前条第四項を除く。）があるものを除き，当該事業年度の所得の金額の計算上，益金の額に算入する。
3　内国法人が資産の販売等を行つた場合（当該資産の販売等に係る収益の額につき一般に公正妥当と認められる会計処理の基準に従つて第一項に規定する日又は前項に規定する近接する日の属

する事業年度の確定した決算において収益として経理した場合を除く。）において，当該資産の販売等に係る同項に規定する近接する日の属する事業年度の確定申告書に当該資産の販売等に係る収益の額の益金算入に関する申告の記載があるときは，その額につき当該事業年度の確定した決算において収益として経理したものとみなして，同項の規定を適用する。

4　内国法人の各事業年度の資産の販売等に係る収益の額として第一項又は第二項の規定により当該事業年度の所得の金額の計算上益金の額に算入する金額は，別段の定め（前条第四項を除く。）があるものを除き，その販売若しくは譲渡をした資産の引渡しの時における価額又はその提供をした役務につき通常得べき対価の額に相当する金額とする。

5　前項の引渡しの時における価額又は通常得べき対価の額は，同項の資産の販売等につき次に掲げる事実が生ずる可能性がある場合においても，その可能性がないものとした場合における価額とする。

一　当該資産の販売等の対価の額に係る金銭債権の貸倒れ

二　当該資産の販売等（資産の販売又は譲渡に限る。）に係る資産の買戻し

6　前各項及び前条第二項の場合には，無償による資産の譲渡に係る収益の額は，金銭以外の資産による利益又は剰余金の分配及び残余財産の分配又は引渡しその他これらに類する行為としての資産の譲渡に係る収益の額を含むものとする。

7　前二項に定めるもののほか，資産の販売等に係る収益の額につき修正の経理をした場合の処理その他第一項から第四項までの規定の適用に関し必要な事項は，政令で定める。

●図表－4　新法人税法22条の2の構成

法22条2項を受けて資産の販売等に係る収益の額の通則について規定	第1項	収益の計上時期	・原則として，収益の計上時期は目的物の引渡し又は役務の提供の日の属する事業年度となる。 （例）　出荷日，検収日，作業結了日，使用収益開始日　等 （注）　役務の提供には資産の貸付けを含む
	第2項		・公正処理基準に従って，引渡し等の日に近接する日の属する事業年度の確定決算で収益経理することも認められる （例）　契約効力発生日，仕切精算書到達日，検針日　等 （注）　割賦基準における回収日は近接する日に該当しない
	第3項		・収益の額を近接する日の属する事業年度において申告調整することも認められる ・ただし，引渡し等の日又は近接する日の属する事業年度において収益経理している場合には，申告調整によりこれらの日以外の日の属する事業年度の益金に算入することはできない。
	第4項	収益の計上額	・販売若しくは譲渡をした資産の引渡しの時における価額又はその提供をした役務につき通常得べき対価の額に相当する金額とは，一般的には第三者間で通常付される価額（いわゆる時価）をいう （注）　値引きや割戻しについては，譲渡資産等の時価をより正確に反映させるための調整と位置付けることができる。
	第5項		・引渡しの時における価額又は通常得べき対価の額には，貸倒れや返品の可能性がある場合においてもその影響を織り込むことはできない （注）　新会計基準では，回収不能や返品の影響も見積って取引価格に反映するが，これらは譲渡資産の時価とは関係ない要素であることから，そのような処理は認められない
	第6項	現物配当	・無償による資産の譲渡に係る収益の額には，現物配当等による資産の譲渡に係る収益の額が含まれる。すなわち，現物配当等は資産の譲渡と利益分配等の混合取引であり，資産の譲渡に係るキャピタルゲインについて課税されることの明確化
	第7項	政令委任	・値引きや割戻しによる譲渡資産等の時価の事後的な変動について，修正経理を行った事業年度の損益に算入する等の処理について政令に委任

出典：『速報税理』2018年5月1日号

42　第2章　収益認識基準の制定に伴う法人税法の対応

●図表－5　新設された法人税法施行令18条の2

○法人税法施行令等の一部を改正する政令（平成30年政令第132号）による改正後の法人税法施行令

第一目　収益の額

第十八条の二　内国法人が，法第二十二条の二第一項（収益の額）に規定する資産の販売等（以下この条において「資産の販売等」という。）に係る収益の額（同項又は法第二十二条の二第二項の規定の適用があるものに限る。以下この条において同じ。）につき，一般に公正妥当と認められる会計処理の基準に従つて，法第二十二条の二第一項又は第二項に規定する事業年度（以下この条において「引渡し等事業年度」という。）後の事業年度の確定した決算において修正の経理（法第二十二条の二第五項各号に掲げる事実が生ずる可能性の変動に基づく修正の経理を除く。）をした場合において，当該資産の販売等に係る収益の額につき同条第一項又は第二項の規定により当該引渡し等事業年度の所得の金額の計算上益金の額に算入された金額（以下この項及び次項において「当初益金算入額」という。）にその修正の経理により増加した収益の額を加算し，又は当該当初益金算入額からその修正の経理により減少した収益の額を控除した金額が当該資産の販売等に係る同条第四項に規定する価額又は対価の額に相当するときは，その修正の経理により増加し，又は減少した収益の額に相当する金額は，その修正の経理をした事業年度の所得の金額の計算上，益金の額又は損金の額に算入する。

2　内国法人が資産の販売等を行つた場合において，当該資産の販売等に係る収益の額につき引渡し等事業年度後の事業年度の確定申告書に当該資産の販売等に係る当初益金算入額を増加させ，又は減少させる金額の申告の記載があるときは，その増加させ，又は減少させる金額につき当該事業年度の確定した決算において修正の経理をしたものとみなして，前項の規定を適用する。

3　内国法人が資産の販売等に係る収益の額につき引渡し等事業年度の確定した決算において収益として経理した場合（当該引渡し等事業年度の確定申告書に当該資産の販売等に係る収益の額の益金算入に関する申告の記載がある場合を含む。）で，かつ，その収益として経理した金額（当該申告の記載がある場合のその記載した金額を含む。）が法第二十二条の二第一項又は第二項の規定により当該引渡し等事業年度の所得の金額の計算上益金の額に算入された場合において，当該引渡し等事業年度終了の日後に生じた事情により当該資産の販売等に係る同条第四項に規定する価額又は対価の額（以下この項において「収益基礎額」という。）が変動したとき（その変動したことにより当該収益の額につき修正の経理（前項の規定により修正の経理をしたものとみなされる場合における同項の申告の記載を含む。以下この項において同じ。）をした場合において，その修正の経理につき第一項の規定の適用があるときを除く。）は，その変動により増加し，又は減少した収益基礎額は，その変動することが確定した事業年度の所得の金額の計算上，益金の額又は損金の額に算入する。

4　内国法人が資産の販売等を行つた場合において，当該資産の販売等の対価として受け取ることとなる金額のうち法第二十二条の二第五項各号に掲げる事実が生ずる可能性があることにより売掛金その他の金銭債権に係る勘定の金額としていない金額（以下この項において「金銭債権計上差額」という。）があるときは，当該対価の額に係る金銭債権の帳簿価額は，この項の規定を適用しないものとした場合における帳簿価額に当該金銭債権計上差額を加算した金額とする。

■「新会計基準」の概要と法人税法の対応　43

●図表－6　新法人税法施行令18条の2の構成

<table>
<tr>
<td rowspan="5">新法22条2⑦を受けて修正の経理をした場合等について規定</td>
<td>第1項</td>
<td rowspan="3">収益の計上時期</td>
<td>・引渡し等事業年度後の事業年度の確定した決算において，公正処理基準に従って「修正の経理」を行った場合，当初益金算入額に加減算した後の金額が「（税法上の）時価」（法22の2④）であるときは，その修正の経理による増減額は，修正の経理を行った事業年度の益金の額又は損金の額に算入する。</td>
</tr>
<tr>
<td>第2項</td>
<td>・申告調整による修正も「修正の経理」とみなす</td>
</tr>
<tr>
<td>第3項</td>
<td>・引渡し等事業年度の確定した決算において「収益として経理した場合（申告調整をした場合を含む。）」で，かつ，その「収益として経理した金額（申告調整による額を含む。）」が法22の2①②により益金の額に算入された場合において，引渡し等事業年度後に生じた事情により「（税法上の）時価」が変動したときは，その変動により増加し，又は減少した「（税法上の）時価」は，その変動することが確定した事業年度の益金又は損金に算入する。
（注）　変動額について，「修正の経理」をした場合で，法令18条の2①②の適用がある場合，この適用はない</td>
</tr>
<tr>
<td>第4項</td>
<td>収益の計上額</td>
<td>・資産の販売等の対価として受け取ることとなる金額のうち，法22の2⑤第各号に掲げる貸倒れや返品の事実が生ずる可能性があることにより，売掛金等の金銭債権の勘定の金額としていない金額（金銭債権計上差額）があるときは，その対価の額に係る金銭債権の帳簿価額は，その金銭債権計上差額を加算した金額とする。</td>
</tr>
</table>

出典：『速報税理』2018年5月1日号

は，原則として当該事業年度の所得の金額の計算上益金の額に算入することを法令上明確化する。

④　返品調整引当金制度は，廃止する。なお，平成30年4月1日において返品調整引当金制度の対象事業を営む法人について，平成33年3月31日までに開始する各事業年度については現行どおりの損金算入限度額による引当てを認めるとともに，平成33年4月1日から平成42年3月31日までの間に開始する各事業年度については現行法による損金算入限度額に対して1年ごとに10分の1ずつ縮小した額の引当てを認める等の経過措置を講ずる（所得税についても同様とする。）。

⑤　長期割賦販売等に該当する資産の販売等について延払基準により収益の額及び費用の額を計算する選択制度は，廃止する。なお，平成30年4月1日前に長期割賦販売等に該当する資産の販売等を行った法人について，平成35年3月31日までに開始する各事業年度について現行の延払基準により収益の額及び費用の額を計算することができることとするとともに，平成30年4月1日以後に終了する事業年度において延払基準の適用をやめた場合の繰延割賦利益額を10年均等で収益計上する等の経過措置を講ずる（所得税についても同様とする。）。なお，ファイナンス・リース取引並びに関西国際空港及び大

阪国際空港に係る公共施設等運営権の設定の対価については，現行どおりとする。

Ⅶ 平成30年度税制改正による法人税法22条の2の新設

税制改正大綱に基づき，平成30年度税制改正において法人税法22条の2が新設され，あわせて法人税法施行令18条の2が定められた。

今般の法人税法改正は，収益認識の判断基準についてのいわば通則的な規定である22条2項にいう「別段の定め」として，22条の2が追加された。同時に，22条4項にも，「別段の定め」規定が挿入され，「当該事業年度の収益の額…は，別段の定めがあるものを除き，一般に公正妥当と認められる会計処理の基準に従って計算されるものとする」と改められた。

22条4項が制定された経緯に照らすと，22条4項は，法人税法では，客観性，規範性，合理性があり，公正妥当な会計処理であると認められる方式に基づいて所得計算が行われているなら，これを適正と認めるとする規定である。ところが，会計処理の規範である「新会計基準」において，明確で詳細な収益認識に関する判断基準が明示されることで，公正妥当な会計基準も広範な内容に変化したことになる。法人税法は納税義務の適正な確定及び履行を確保することを目的としている。従って課税の公平という見地から，弊害のおそれがある会計処理方式については，対処する必要から，22条4項が示す公正妥当処理基準に対して，法人税法の独自性を付加したものと考えられる。

なお，上述のように税制改正大綱で示されたように，返品調整引当金制度（法法53）と長期割賦販売における延払基準（法法63）が廃止された。

Ⅷ 改正法人税法の留意事項

収益認識基準に関する今般の法人税法改正の趣旨は，「新会計基準」の公表に対応して，従前から法人税法が定める収益計上の計上時期の基本原則である公正妥当基準を補正・補完するものといっていい。具体的にいえば，従来から税務の取扱いとして明示されていた法人税基本通達の各項目とその取扱いを論点・争点とした判例及び裁決事例で議論された内容を明確化したことになる。いわば税務通達で示されていた内容を法令に格上げしたとすれば，大きな変化はないといえるかもしれない。

■「新会計基準」の概要と法人税法の対応 　45

収益の計上時期は，原則として，いわゆる引渡日基準（又は役務提供日基準）である。この引渡日については，例えば出荷日，検収日，作業結了日，使用収益開始日のように複数の計上時期が想定されるが，法人が選択した引渡日基準を継続して処理することが求められることはいうまでもない。

　また，引渡日基準に合致した引渡日でなくても，公正妥当基準に準拠して引渡日に近接する期日を収益計上時期としている場合には，その近接する期日，例えば，契約効力発生日，仕切精算書到達日，検針日などにおいて収益計上することが容認される。収益計上については，申告調整による方法も含まれるが，継続適用は当然とされる。

　さらに，「新会計基準」が，税法上のいわゆる時価基準と異なる価額又は対価については，貸し倒れによる回収不能や返品などの可能性を視野に入れているが，改正法人税法では，公正妥当基準の見地から否定されている。同様に消費税に関する会計処理についても，「新会計基準」は，第三者のために回収する額は，収益に含まれないとしていることから，税込方式を容認していないが，これについても税務上の措置がされるはずである。

Ⅸ　実務への影響と今後

　平成30年5月30日付課法2－8ほか2共同「法人税基本通達等の一部改正について」（法令解釈通達）など，一連の通達改正が発表された。

　法人税基本通達関係として，「収益認識に関する会計基準」の導入に伴い，平成30年度税制改正により，法人税における収益の認識時期等について改正したと明記されている。「新会計基準」と改正法人税法との整合と是正を講じるものといえる。

　通達改正の骨子は，以下のとおりである。

---

①　資産の販売等に係る収益の認識時期

　資産の販売若しくは譲渡又は役務の提供に係る収益の額は，原則として目的物の引渡し又は役務の提供の日の属する事業年度の所得の金額の計算上益金の額に算入することが明確化された。また，資産の販売等に係る収益の額につき一般に公正妥当と認められる会計処理の基準に従って目的物の引渡し又は役務の提供の日に近接する日の属する事業年度の収益として経理した場合には，上記にかかわらず，当該資産の販売等に係る収益の額

46　第2章　収益認識基準の制定に伴う法人税法の対応

は，原則として当該事業年度の所得の金額の計算上，益金の額に算入することが明確にした。

② 資産の販売等に係る収益の計上額

資産の販売等に係る収益の額として所得の金額の計算上，益金の額に算入する金額は，原則として，その販売若しくは譲渡をした資産の引渡しの時における価額又はその提供をした役務につき通常得べき対価の額に相当する金額とすることが明確にした。ただし，その引渡しの時における価額又は通常得べき対価の額は，貸倒れ（回収不能）又は買戻し（返品）の可能性がある場合においても，その可能性がないものとした場合における価額とすることとした。

③ 返品調整引当金制度及び長期割賦販売等に係る収益及び費用の帰属事業年度の特例の廃止

所要の経過措置が講じられた上で，返品調整引当金制度及び長期割賦販売等に係る収益及び費用の帰属事業年度の特例（ファイナンス・リース取引に係る部分を除く。）が廃止された。

改正された通達の施行時期は，原則として，平成30年4月1日以後終了する事業年度から適用される。すでに移行しているが，廃止項目以外では，実務的には混乱は少ないと考えられる。

ポイント

① 平成30年3月に企業会計基準委員会が公表した「新会計基準」は，国際会計基準及び米国会計基準の影響を受けた，収益認識に関する包括的な会計基準である。
② 税制では，企業会計基準委員会が，平成29年7月に公表した公開草案を踏まえ，すでに平成30年度税制改正において，資産の販売等に係る収益の認識に関する法令の整備が行われた。
③ 税務においては，平成30年5月30日付けで関係通達が改正され，「新会計基準」と改正法人税法との整合と是正を講じられた。

[林　仲宣]

■「新会計基準」の概要と法人税法の対応　47

新法人税法・施行令における収益認識基準の原則

　我が国の企業会計を国際会計基準に準拠させるコンバージェンスの加速は，企業会計だけでなく，企業会計に準拠して法人の所得を計算する法人税法にも影響を及ぼしている。企業会計基準委員会（ASBJ）が，平成30年３月30日，収益認識に関する包括的な会計基準「顧客との契約から生じる収益」（IFRS第15号）の基本的な原則を取り入れて，企業会計基準第29号「収益認識に関する基準」（新会計基準）を公表したことから，この基準を法人税法にいか取り込むべきかをめぐって，早急の対応が求められた。

　平成30年度税制改正では，法人税法22条の２が新設され，新会計基準に対応するために収益認識基準についての法整備が図られた。本稿では，法人税における収益認識基準の考え方を整理するとともに，平成30年度税制改正の意義と今後の課題を検討する。

I　法人税法22条の構造－収益計上基準の考え方

　法人税法22条１項は，「内国法人の各事業年度の所得の金額は，当該事業年度の益金の額から当該事業年度の損金の額を控除した金額とする。」と規定して，所得＝益金－損金であるとしている。２項は益金，３項は損金を規定して，４項は収益及び費用等の測定基準を規定している。５項は，資本等取引について定義している（図表－１参照）。

　２項は，「内国法人の各事業年度の所得の金額の計算上当該事業年度の益金の額に算入すべき金額は，別段の定めがあるものを除き，資産の販売，有償又は無償による資産の譲渡又は役務の提供，無償による資産の譲受けその他の取引で資本等取引以外のものに係る当該事業年度の収益の額とする。」と規定している。益金の額は，別段の定めがあるものを除き，①資産の販売，②有償又は無償による資産の譲渡，③有償又は無償による役務の提供，④無償による資産の譲受け，⑤その他の取引（資本等取引以外）にかかる収益の額をいう。

48　第２章　収益認識基準の制定に伴う法人税法の対応

●図表－1　法人税法22条の構造の概観

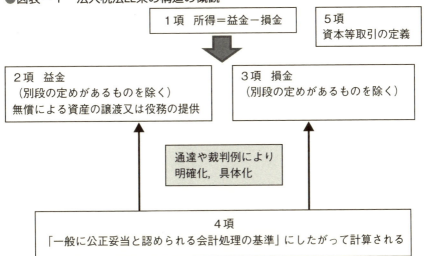

　4項は,「第二項に規定する当該事業年度の収益の額及び前項各号に掲げる額は，一般に公正妥当と認められる会計処理の基準に従つて計算されるものとする。」と規定して，益金及び損金が「一般に公正妥当と認められる会計処理の基準」（公正処理基準）にしたがって計算されるとしている（平成30年度税制改正に伴う一部改正前）。

　1～3項は昭和40年の法人税法の全文改正において規定されたが，4項は昭和42年の税制改正において法人税法の簡素化の一環として新設された。4項は，企業会計上の「利益」と，法人税法上の「所得」は類似の概念であることから，法人の所得の計算は，原則として企業利益の算定技術である企業会計に準拠して行われるべきであること（企業会計準拠主義）を採用することにより，二度手間を避けることにある*1。

　もっとも，企業会計の目的と租税法の目的には相違がある。企業会計の目的は，適正な期間損益計算に基づいて，株主や債権者等の利害関係者に企業の経営成績と財政状態を報告することにあるが，租税法の目的は，租税公平主義の要請である担税力に応じた課税を実現することにある。租税法では，企業会計

＊1　金子宏『租税法第22版』330頁以下（弘文堂，2017年）。

の基準のうち，租税法に取り込むもの（又は取り込まないもの）を決定し，あるいは，租税法独自の基準を採用し，所得が計算される。

　4項にいう「一般に公正妥当と認められる会計処理の基準」とは何か，すなわち，公正処理基準の該当性の判断基準が問題となる。一般に，客観的な規範性をもつ公正妥当と認められる会計処理の基準という意味であり，企業会計原則だけでなく，会社法の計算規定等，確立した会計慣行を広く含むとされている*2。

　増田英敏教授は，「この4項の意義は，まさしく事実認定の基準を明示したという点に求められよう。個別取引をいかに契約書等の証拠資料により認識し，測定し，記録するかについて，『公平妥当な会計処理の基準』により，法的に認識すべきことを命じたところにこの4項の意義は求められる。」*3と述べられて，4項は事実認定の基準であり，個別取引は契約書等の証拠資料等に基づいて，公正処理基準により法的に認識すべきであることを明らかにしたものであるとされている。

　いかなる基準が公正処理基準に該当するかが不明確であることから，租税法実務上では，取引類型等に応じて収益等の計上を定めている通達（法人税基本通達2－1－1以下（平成30年度税制改正に伴う改正前））に依拠して収益を認識している*4。

Ⅱ　法人税法22条の2及び法人税法施行令18条の2の新設

　企業会計基準委員会（ASBJ）は，平成30年3月30日，国際会計基準審議会（IASB）が公表した収益認識に関する包括的な会計基準である「顧客との契約から生じる収益」（IFRS第15号）と整合性を図ることの便益の1つである財務諸表間の比較可能性の観点から，IFRS第15号の基本的な原則を取り入れて，企業会計基準第29号「収益認識に関する基準」（新会計基準）を公表した。新会計基準は，原則として平成33年4月1日以後開始する連結会計年度及び事業年度の期首から適用する（**新会計基準81項**）*5。会計監査の対象ではない中小企業は，引き続き企業会計原則による会計処理をすることも可能である。

＊2　大阪高判平成3年12月19日民集47巻9号5395頁，金子・前掲＊1・332頁。
＊3　増田英敏『リーガルマインド租税法第4版』144頁（成文堂，2013年）。
＊4　通達が定める収益の計上時期については，林仲宣ほか『ガイダンス新税法講義三訂版』74頁以下（税務経理協会，2015年）参照。

50　第2章　収益認識基準の制定に伴う法人税法の対応

新会計基準の基本となる原則は，約束した財又はサービスの顧客への移転を当該財又はサービスと交換に企業が権利を得ると見込む対価の額で描写するように，収益を認識することであり（**新会計基準16項**），①契約の識別，②履行義務の識別，③取引価格の算定，④履行義務への取引価格の配分，⑤履行義務の充足による収益の認識，の５つのステップを適用する（**新会計基準17項**）。とりわけ，③では，変動価格等の影響を考慮すること，具体的には，値引き，リベート，返金等の形態により対価の額が変動する場合には，変動部分の金額を見積り，調整を行い，取引価格を算定する（**新会計基準47項以下，新適用指針23項以下**）。⑤では，約束した財又はサービスを顧客に移転することにより履行義務を充足した時に又は充足するにつれて，充足した履行義務に配分された額で収益を認識する（**新会計基準17項**）。

　法人税法では，収益の額が新会計基準にしたがって計算される場合には，回収不能や返品の見込みの金額を控除することになるが，これは，従来の取扱いと異なるのみならず，変動性のある金額についての納税者の恣意的な見積りが収益の額に含まれるおそれがある。また，新会計基準の収益計上の認識基準は，従来の通達に定められている基準に近いものであるが，完全に同じものであるとはいえない[6]。

　平成30年度税制改正では，新会計基準に対応することを目的に，資産の譲渡等に係る収益の額は譲渡資産の時価であることを法令上明確化するとともに，資産の譲渡等に係る収益の額についての認識時期を法令上明確化することとした[7]。

　具体的には，22条４項を一部改正するとともに，「第三款　益金の額の計算」の「第一目　収益の額」に22条の２を新設し，１～３項は収益の計上時期，４，５項は収益の計上額，６項は現物配当の取扱い，７項は修正経理に関する政令委任を規定した（図表－２参照）[8]。

＊5　ただし，平成30年４月１日以後開始する連結会計年度及び事業年度の期首から新会計基準を適用することができる（新会計基準82項）。さらに，平成30年12月31日に終了する連結会計年度及び事業年度から平成31年３月30日に終了する連結会計年度及び事業年度までにおける年度末に係る連結財務諸表及び個別財務諸表から新会計基準を適用することができる（新会計基準83項）。

＊6　藤曲武美「収益認識の実務対応の基本的考え方－法人税法22条の２の構造－」税経通信73巻７号26頁（2018年）。

＊7　「平成30年度税制改正の大綱」（平成29年12月29日閣議決定）74頁以下。

■新法人税法・施行令における収益認識基準の原則　51

●図表-2　法人税法22条の2による資産の販売等の収益認識の考え方

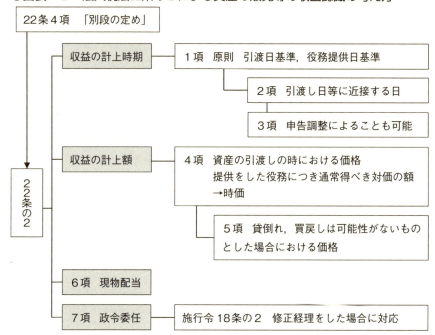

　22条4項は,「第二項に規定する当該事業年度の収益の額及び前項各号に掲げる額は,別段の定めがあるものを除き,一般に公正妥当と認められる会計処理の基準に従つて計算されるものとする。」と一部改正して,「別段の定めがあるものを除き」という文言を追加して,22条の2の適用がない場合には,従来の取扱いであるとしている。

　22条の2第1項は,「内国法人の資産の販売若しくは譲渡又は役務の提供(以下この条において「資産の販売等」という。)に係る収益の額は,別段の定め(前条第4項を除く。)があるものを除き,その資産の販売等に係る目的物の引渡し又は役務の提供の日の属する事業年度の所得の金額の計算上,益金の額に算入する。」と規定して,資産の販売等に係る収益の額は,原則として目的物の引渡しの日の属する事業年度(引渡日基準)又は役務の提供の日の属す

＊8　国税庁が公表した「『収益認識に関する会計基準』への対応について～法人税関係～」(平成30年5月)8頁以下を参考に規定の概要を整理する。

る事業年度（役務提供日基準）の益金の額に算入するとしている。例えば、出荷日、検収日、作業結了日、使用収益開始日等がこれに該当する。

2項は、「内国法人が、資産の販売等に係る収益の額につき一般に公正妥当と認められる会計処理の基準に従つて当該資産の販売等に係る契約の効力が生ずる日その他の前項に規定する日に近接する日の属する事業年度の確定した決算において収益として経理した場合には、同項の規定にかかわらず、当該資産の販売等に係る収益の額は、別段の定め（前条第4項を除く。）があるものを除き、当該事業年度の所得の金額の計算上、益金の額に算入する。」と規定して、「一般に公正妥当と認められる会計処理の基準」にしたがって引渡し等の日に近接する日の属する事業年度の確定決算において収益経理した場合には、近接する日の属する事業年度の益金の額に算入することを認めている。例えば、契約効力発生日、仕切精算書到達日、検針日等がこれに該当する。

3項は、近接する日の属する事業年度において申告調整をした場合も、確定決算において収益経理したものとみなすとしている。ただし、引渡し等の日又は近接する日の属する事業年度において収益経理した場合には、申告調整をすることにより変更することはできないとしている。

4項は、「内国法人の各事業年度の資産の販売等に係る収益の額として第1項又は第2項の規定により当該事業年度の所得の金額の計算上益金の額に算入する金額は、別段の定め（前条第4項を除く。）があるものを除き、その販売若しくは譲渡をした資産の引渡しの時における価額又はその提供をした役務につき通常得べき対価の額に相当する金額とする。」と規定して、益金の額に算入する金額は、資産の引渡しの時における価格又は提供をした役務につき通常得べき対価の額、すなわち、第三者間で通常付される価格、いわゆる時価であるとしている。

5項は、引渡しの時における価額等は、①資産の販売等の対価の額に係る金銭債権の貸倒れと、②資産の販売等（資産の販売又は譲渡に限る。）に係る資産の買戻し、の可能性がないものとした場合における価額であるとしている。新会計基準では、回収不能や返品の影響を見積って取引価格に反映するが、法人税法では、これらの可能性の影響を織り込む処理を認めない。

6項は、無償による資産の譲渡に係る収益の額は、現物配当等による資産の譲渡に係る収益の額を含むとして、現物配当等は資産の譲渡と利益分配等の混合取引であることから、資産の譲渡に係るキャピタルゲインについて課税され

■新法人税法・施行令における収益認識基準の原則　53

ると明確化している。

　7項は，新会計基準により，値引きや割戻しによる時価の事後的な変動について の修正経理をした場合に対応して，当該事業年度の損益に算入する等の処理を政令に委任するとしている。新設された法人税法施行令18条の2には，1～3項は収益の計上時期を，4項は収益の計上額を規定した。

　1項は，引渡し等事業年度後の事業年度の確定した決算において，「一般に公正妥当と認められる会計処理の基準」にしたがって修正経理をした場合には，当初益金算入額に加減算した後の金額が22条の2第4項にいう「時価」であるときは，修正経理による増減額は，修正経理をした事業年度の益金の額又は損金の額に算入するとしている。2項は，申告調整をした場合も，修正経理をしたとみなすとしている。

　3項は，引渡し等事業年度の確定した決算において「収益として経理した場合」で，かつ，「収益として経理した金額」が22条の2第1項及び2項により益金の額に算入された場合において，引渡し等事業年度後に生じた事情により「時価」（収益基礎額）が変動したときは，変動により増加又は減少した収益基礎額は，変動することが確定した事業年度の益金の額又は損金の額に算入するとしている。修正経理をした場合で，18条の2第1項及び2項の適用がある場合には，この適用はない。

　4項は，資産の販売等の対価として受け取る金額のうち，22条の2第5項各号に掲げる貸倒れや返品の事実が生ずる可能性があることにより，売掛金等の金銭債権の勘定としていない金額（金銭債権計上差額）があるときは，対価の額に係る金銭債権の帳簿価格は，金銭債権計上差額を加算した金額とするとしている。

　これらの規定が新設されるとともに，新会計基準では，返品や買戻しは収益の額の算定の問題であることから（**新会計基準47項以下**），返品調整引当金制度（法法53）が廃止されるとともに，経過措置が講じられた（法法附則25）。また，新会計基準では，一定の要件を満たさない場合には，一時点で充足される履行義務として，当該履行義務が充足される時に収益を認識することから（**新会計基準39項**），長期割賦販売等に該当する資産の販売等について延払基準により収益の額及び費用の額を計算する選択制度は廃止されたが，リース譲渡についての特例は引き続き存置されることになった（法法63）。あわせて経過措置が講じられた（法法附則28）。

54　第2章　収益認識基準の制定に伴う法人税法の対応

Ⅲ 収益認識基準の原則と平成30年度税制改正の意義

平成30年度税制改正は，従来，通達や裁判例により具体化されていた収益の額に関する法人税法の基本的な考え方（収益認識基準）を法人税法上で明確化するとともに，22条4項に「別段の定めがあるものを除き」という文言を追加して，新会計基準の影響を遮断するものである（**図表—3参照**）[9]。

収益認識基準をめぐっては，どの年度に計上するか（計上時期（年度帰属）の問題）と，いくら計上するか（計上額の問題）の問題がある。

収益の計上時期の問題については，船荷証券が発行されている商品の輸出取引による収益を船積みの時点で計上する会計処理は法人税法22条4項にいう「一般に公正妥当と認められる会計処理の基準」に該当するか否かが争われた最高裁平成5年11月25日判決（大竹貿易株式会社事件）[10]では，裁判所は，「ある収益をどの事業年度に計上すべきかは，一般に公正妥当と認められる会計処理の基準に従うべきであり，これによれば，収益は，その実現があった時，すなわち，その収入すべき権利が確定したときの属する年度の益金に計上すべきものと考えられる。」と判示して，収益の計上は所得の「実現」した時点，具体的には，収入すべき権利が確定した年度の益金に計上すべきであるとしている。通説的見解は所得税法と同様に，法人税法においても権利確定主義が妥当するとしている[11]。これを受けて，租税法実務では，「権利の確定」の具体的な時期については，取引類型等に応じて収益等の計上を定めている通達に依拠して判断してきた。

新設された22条の2第1項は，従来の通達による取扱いを踏襲するものであり，資産の販売等に係る収益の計上時期は原則として，引渡日基準又は役務提供日基準によるとしつつも，2項は，「一般に公正妥当と認められる会計処理の基準」にしたがって引渡し等の日に近接する日を収益の計上時期とした場合には，これによることも認めている。22条の2は，権利確定主義に基づく収益の計上時期の考え方を変更するものではなく，新会計基準に対応することを目的に，従来，通達に定めていた取扱いを法人税法上明確化したものである。

---

[9] 吉村政穂「税制改正大綱を評価する—法人課税—」税研199号51頁（2018年）。

[10] 最判平成5年11月25日民集47巻9号5278頁。

[11] 法人税法には権利確定主義の根拠が見いだせないにもかかわらず，判例実務をほぼ支配しているとの指摘がある（岡村忠生『法人税法講義第3版』58頁（成文堂，2007年））。

■新法人税法・施行令における収益認識基準の原則　55

●図表－3　法人税における収益の計上時期の考え方

　収益の計上額の問題については、株式の時価と譲渡対価の額との差額に相当する金額は法人税法22条2項にいう「資産の譲渡に係る収益の額」に該当するか否かが争点とされた最高裁平成7年12月19日判決（南西通商株式会社事件）[12]では、裁判所が、法人税法22条2項は、「法人が資産を他に譲渡する場合には、その譲渡が代金の受入れその他資産の増加を来すべき反対給付を伴わないものであっても、譲渡時における資産の適正な価額に相当する収益があると認識すべきものであることを明らかにしたものと解される。」と判示して、収益は、譲渡時における資産の適正な価格、すなわち時価により認識すべきであるとしている[13]。

　22条の2第4項は、益金の額に算入する金額は、資産の引渡しの時における価格又は提供をした役務につき通常得べき対価の額、いわゆる時価であるとするが、5項は、①資産の販売等の対価の額に係る金銭債権の貸倒れと、②資産の販売等（資産の販売又は譲渡に限る。）に係る資産の買戻し、の可能性がないものとするとしている。22条2項は、回収不能や返品の影響を見積って取引価格に反映する新会計基準に対応することを目的に、収益の額の調整の問題として捉えることができないこれらの可能性を、法人税法上の「譲渡時における資産の適正な価額」（時価）の算定に取り込まないことを明確化したものである。

　22条4項の新設後、いかなる基準が「一般に公正妥当と認められる会計処理の基準」に該当するか否かは解釈に委ねられるとともに、長年にわたり租税法

---

[12]　最判平成7年12月19日民集49巻10号3121頁。
[13]　無償取引にかかる収益が益金の額を構成することの立法趣旨については、増田・前掲＊3・145頁以下参照。

実務では通達に依拠して収益を認識してきた。課税要件を明確にすることが憲法30条と84条を法的根拠とする租税法律主義の要請であることからは，公正妥当の範疇と意義の明確化は確立すべき課題であると指摘されてきた*14。

22条の2における収益認識基準の明確化は，新会計基準への対応という側面が強いが，通達に定めていた収益認識に関する考え方が法人税法上で明確化されたことは，租税法律主義の視点から評価することができる*15。平成30年度税制改正の意義をこの点に見出すことができる。

Ⅳ 今後の課題－公正処理基準をめぐる問題

22条の2は収益認識についての一般的な基準を示すものではなく，新会計基準に対応するために，従来の通達に定めた取扱いを法律により明確化したものである。また，新会計基準の適用対象ではない中小企業に直接影響を及ぼすものではなく，その意義を限定的であると捉えることもできる。

もっとも，22条4項にいう「一般に公正妥当と認められる会計処理の基準」（公正処理基準）と新設された22条の2の関係性，具体的には，大竹貿易株式会社事件の最高裁判決は22条の2の解釈にあたって参照されるか，また，これまで公正処理基準への適合性の問題として解決されてきた事案がどのように解決されるかが，議論されることになる*16。

例えば近年，不動産流動化実務指針は公正処理基準に該当するか否かが争点となった東京高裁平成25年7月19日判決（ビックカメラ事件）*17や，金融商品会計実務指針は公正処理基準に該当するか否かが争点となった東京高裁平成26年8月29日判決（オリックス事件）*18等，公正処理基準の該当性をめぐる訴訟が提起されている。公正処理基準の該当性の判断を法人税法の独自の観点から行うという傾向が裁判例の主流となっていく中では，裁判例の示した「法人税法の独自の観点」や「法人税法固有の観点」の具体的な内容が何かということについて事例ごとに検証され，これらの内容が明確にされなければならない*19。

---

*14　林仲宣『アドバイス税法講義下巻』14頁以下（税務経理協会，2016年）。

*15　藤曲武美「法人税法における収益認識基準の見直し」（税務弘報66巻5号107頁，2018年）。

*16　吉村・前掲*9・51頁。

*17　東京高判平成25年7月19日訟月60巻5号1089頁。

*18　東京高判平成26年8月29日税資264号順号12523。

*19　渡辺徹也『スタンダード法人税法』47頁（弘文堂，2018年）。

4項は事実認定の基準であり，個別取引は契約書等の証拠資料等に基づいて，公正処理基準により法的に認識することにある。この考え方を租税法実務に展開するためには，22条4項の「別段の定め」である22条の2の新設を受けて，とりわけ，租税法律主義の予測可能性の視点から，両規定の関係性を整理して，22条4項に規定する公正処理基準の具体的な判断基準を確立することが今後の課題である。

Ⅴ 結　　論

22条4項にいう「一般に公正妥当と認められる会計処理の基準」とは何かをめぐって，租税法実務では通達に依拠して収益を認識してきた。平成30年度税制改正において22条の2が新設されたことにより，法人税法における収益認識基準が明確化されたことは租税法律主義の視点から評価することができる。

一方で，新会計基準に対応するために従来の通達に定めた取扱いを法律により明確化したものであり，「別段の定め」である22条の2が適用されない場合には，22条4項に規定する公正処理基準により収益を法的に認識し，益金の額を算定することになる。収益認識関する一般的な基準が示したものではなく，今後の公正処理基準の該当性の争いにいかなる影響を及ぼすかは不透明である。

法人税法上の収益及び費用等の認識ルールを検証し，所得の測定基準の法整備が図られるべきである。

なお，平成30年度税制改正の法整備を受けて法人税基本通達等が改正されている[20]。第3章でその詳細をご確認いただきたい。

---

[20]　改正通達については，国税庁HP（https://www.nta.go.jp/law/tsutatsu/kihon/hojin/kaisei/180409/index.htm［平成30年6月18日最終閲覧］）参照。

ポイント

① 平成30年度税制改正では，新会計基準に対応することを目的に，資産の販売等に係る収益計上基準を法令上明確化した。

② 権利確定主義に基づく収益の計上時期の考え方を変更するものではなく，通達に定めていた取扱いを法人税法上明確化した。

③ 益金の額に算入する金額は時価であることと，回収不能や返品の可能性を時価の算定に取り込まないことを法人税法上明確化した。

④ 通達に定めていた収益認識に関する考え方が法人税法上で明確化されたことは，租税法律主義の視点から評価することができる。

⑤ 法人税法22条の2の新設を受けて，同法22条4項に規定する公正処理基準の具体的な判断基準を確立することが今後の課題である。

[谷口 智紀]

■新法人税法・施行令における収益認識基準の原則

「取引価格の算定」と貸倒引当金・返品調整引当金

　平成29年7月20日に企業会計基準委員会は「収益認識に関する会計基準の公開草案」を公表し，平成30年3月30日に企業会計基準委員会から企業会計基準第29号「収益認識に関する会計基準」（以下，「新会計基準」とする。）と企業会計基準適用指針第30号「収益認識に関する会計基準の適用指針」（以下，「新適用指針」とする。）が公表された。

　新会計基準の最終公表に先立ち，平成29年12月の平成30年度税制改正大綱において，収益の認識等について，所得の金額の計算上益金の額に算入する金額は，原則として，その販売若しくは譲渡をした資産の引渡しの時における価額又はその提供をした役務につき通常得べき対価の額に相当する金額とすることを法令上明確にすることを盛り込んだ。

　本稿においては，主に新会計基準と新適用指針の導入により収益認識時の「取引価格の算定」がどのように定められ，また，「貸倒引当金」「返品調整引当金」について，どのような変更があったかといった点を中心に整理し，税務の対応について解説を行う。

Ⅰ　新会計基準における取扱い

1　新会計基準の基本方針

　平成30年3月30日に公表された新会計基準の中で，基本方針として「IFRS第15号との整合性を図る便益の1つである財務諸表間の比較可能性の観点から，収益認識に関する会計基準の開発にあたり，IFRS第15号の基本的な原則を取り入れることを出発点とし，会計基準を定めることとした。」（**新会計基準97項**）

　つまり，収益認識に関する国際的な会計の取扱いと，我が国における会計の取扱いが乖離してしまうことで，比較可能性を失わせることとならないよう，

会計基準の設置が求められた。

　また，同基準の中で「これまで我が国で行われてきた実務等に配慮すべき項目がある場合には，比較可能性を損なわせない範囲で代替的な取扱いを追加することとした。」（**新会計基準97項**）とあり，すべてを根本から変更するというよりは，IFRS第15号を取り入れつつも，従来からの実務上の取扱いも無視することなく，新会計基準の設置に伴う混乱を最小限にとどめた印象である。

　また，連結財務諸表と個別財務諸表における会計基準をどのように設置するかといった点については，従来の会計基準が連結財務諸表と個別財務諸表において同一の会計処理を定めていたことや，連結財務諸表と個別財務諸表で同一の内容としない場合，連結調整に係るコストがかかることや，重要性等に関する代替的な取扱いの定めを置くこと等により一定程度実務における対応が可能となることから，「基本的には連結財務諸表と個別財務諸表において同一の会計処理を定めることとした」（**新会計基準99項**）という点も，従来からの取扱いを尊重することで，新会計基準の導入による混乱を避ける狙いがあるように思われる。

　そこで，収益認識については次の5つのステップを適用することにより，収益が認識されるモデルを採用している。

ステップ1：顧客との契約を識別する
ステップ2：契約における履行義務を識別する
ステップ3：取引価格を算定する
ステップ4：契約における履行義務を取引価格に配分する
ステップ5：履行義務を充足した時に又は充足するにつれて収益を認識する

　本稿においては，ステップ3の「取引価格の算定」について考察するため，他の収益認識のステップについては，考察の対象外とする。

② 新会計基準と取引価格

　取引価格とは，財又はサービスの顧客への移転と交換に企業が権利を得ると見込む対価の額であり，第三者のために回収する額を含まないものをいう。取引価格を算定する際には，次の(1)から(4)のすべての影響を考慮する（**新会計基**

準46～76項)。

---

(1) 変動対価
(2) 契約における重要な金融要素
(3) 現金以外の対価
(4) 顧客に支払われる対価

---

(1)の「変動対価」については，顧客と約束した対価のうち変動する可能性のある部分をいう。まず，顧客との約束した取引のうち固定部分と変動部分とに区分を行い，顧客と約束した対価に変動対価が含まれる場合，財又はサービスの顧客への移転と交換に企業が権利を得ることとなる対価の額を見積ることとなる（新会計基準50項)。

第一段階においては，以下いずれかのうち，企業が権利を得ることとなる対価の額をより適切に予測できる方法を用いる（**新会計基準51項**)。

＜変動対価の額の見積方法＞

① 変動対価の額の見積りにあたっては，発生し得ると考えられる対価の額における最も可能性の高い単一の金額（最頻値）による方法
② 発生し得ると考えられる対価の額を確率で加重平均した金額（期待値）による方法

第二段階においては，第一段階で見積りを行った金額から，著しい減額が発生しない可能性が高い部分を把握し，取引価格に含めることとなる。

具体的には，収益の著しい減額が発生しない限り，値引き，リベート，インセンティブ等の変動のある金額がある場合であっても，変動部分の額を見積り，収益の減額が発生しない可能性が高い部分に限り，取引価格に含めるということである。見積もった取引価格は，確定するまで各決算日に見直しを行う必要がある（**新会計基準55項**)。

(2)の「契約における重要な金融要素」については，顧客との契約に重要な金融要素が含まれる場合，取引価格の算定にあたっては，約束した対価の額に含まれる金利相当の影響を調整することとなる（**新会計基準57項**)。つまり，収益の額として計上されるのは，約束した財又はサービスが顧客に移転した時点で，財又はサービスに対して顧客が支払うと見込まれる現金販売価格を反映する金額となる（**新会計基準57項**)。

62　第2章　収益認識基準の制定に伴う法人税法の対応

●図表－1

変動対価における取引価格

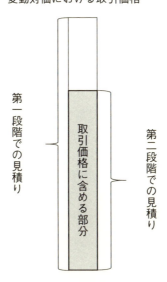

　実務上は、重要な金融要素に係る明示的な定めは存在しないため、取引上、前払いや後払いがあったとしても、金利を調整することは行われていない。そのため、契約上の取引日において、顧客への財又はサービスの移転の時点と顧客が支払う時点の間が、1年以内であると見込まれる場合、重要な金融の影響を調整しないことができることとされた（**新会計基準58項**）。

　(3)の「現金以外の対価」については、契約における対価が現金以外の場合に取引価格を算定するにあたっては、当該対価を時価により算定することとなる（**新会計基準59項**）。

　つまり、顧客が現金以外の対価として労務の提供を行ったり、設備の提供を行う場合がある。こうした、現金以外の対価の時価を見積もることができない場合には、当該対価と交換に顧客に約束した財又はサービスの独立販売価格を基礎として当該対価を算定する（**新会計基準60項**）。

　(4)「顧客に支払われる対価」については、企業が顧客に対して支払う又は支払うと見込まれる現金の額や、顧客が企業に対する債務額に充当できるものの額を含む（**新会計基準63項**）。原則としてキャッシュ・バック等の顧客への支払いは取引価格から減額する。

現行の会計基準においては，こうした顧客に支払われる対価に関する規定は存在しなかった。そのため，従来，収益から控除する会計処理と販売費及び一般管理費等で処理さることもあったキャッシュ・バック等については，原則，取引価格から減額することとなったのである。

なお，取引価格の算定にあたり，第三者のために回収される額を除いて取引価格を算定するため，消費税等の税込方式による会計処理は認められない（**新会計基準47項**）。また，予想される返品部分に関しては，変動対価に関する定めに従って，販売時に収益を認識しない（**新適用指針84項～89項**）。こうしたことから，返品調整引当金の計上は認められないこととなった。

Ⅱ 法人税法における取引価格

平成30年3月30日に企業会計基準委員会の「収益認識に関する会計基準」を受けて，平成30年6月1日に国税庁 HP で「『収益認識に関する会計基準』への対応について～法人税関係～」が公表され，取引価格の算定においては，値引き，リベート，返金等，取引の対価に変動性のある金額が含まれる場合は，その変動部分の金額を見積り，その部分を増減して取引価格を算定するとしている。

収益の計上額については，販売若しくは譲渡をした資産の引き渡しの時における価額又はその提供をした役務につき通常得べき対価の額に相当する金額とは，一般的には第三者間で通常付される価額をいう（**30改正新法22の2④**）。

ここでいうところの通常付される価額とは，いわゆる時価を指しており，値引きや割戻しについては，譲渡資産等の時価をより正確に反映させるための調整と位置づけられている。

また，引き渡しの時における価額又は通常得べき対価の額には，貸倒れや返品の可能性がある場合においても，その影響を織り込むことはできないとしている（**30改正新法22の2⑤**）。

法人税基本通達*1における対応として，次に掲げる要件の全てを満たす場合，値引き・割戻し等による対価の変動の可能性のある取引（返品・貸倒の可能性については除く。）について，収益の額を減額し，又は増額して経理した金額は，引渡し時の価額等の算定に反映することとなる*2。

法人税基本通達2－1－1の11の新設

(1)　値引き等の事実の内容及び当該値引き等の事実が生ずることにより契約の対価の額から減額若しくは増額をする可能性のある金額又はその金額の算定基準（客観的なものに限る。）が，当該契約若しくは法人の取引慣行若しくは公表した方針等により相手方に明らかにされていること又は当該事業年度終了の日において内部的に決定されていること

(2)　過去における実績を基礎とする等合理的な方法のうち法人が継続して適用している方法により(1)の減額若しくは増額をする可能性又は算定基準の基礎数値が見積もられ，その見積りに基づき収益の額を減額し，又は増額することとなる変動対価が算定されていること

(3)　(1)を明らかにする書類及び(2)の算定の根拠となる書類を保存していること

　相手に支払われる対価（キャッシュバック等）は，相手方から受領する別個の財又はサービスと交換に支払われるものである場合を除き，取引価格から減額する。減額を行う時点は，資産の販売等をする日，もしくは企業が対価を支払う日のいずれか遅い方が発生した時点で，取引価格から減額を行う。

　変動対価については，顧客と約束した対価に変動対価（値引きやリベートなど顧客と約束した対価のうち変動する可能性のある部分）が含まれる場合，財又はサービスの顧客への移転と交換に企業が権利を得ることとなる対価の額を見積もる。見積もられた変動対価の額については，変動対価の額に関する不確実性が事後的に解消される際に，解消されるまでに計上された収益の著しい減額が発生しない可能性が非常に高い部分に限り，取引価格に含める。

　なお，新会計基準では，回収不能や返品の影響も見積って取引価格に反映するが，これらは譲渡資産の時価とは関係ない要素であることから，税法におけ

＊1　法人税基本通達における整備方針として，以下の点が考慮されている。
・履行義務の充足により収益を認識するという考え方は，法人税法上の実現主義又は権利確定主義の考え方と齟齬をきたすものではないため，原則として新会計基準の考え方を取り込んでいく。
・過度に保守的な取扱いや恣意的な見積りが行われる場合，公平な所得計算の観点から問題があるため，税独自の取扱いを定める。
・中小企業については，引き続き従前の企業会計原則に則った会計処理も認められることから，従前の取扱いによることも可能とする。
＊2　国税庁「『収益認識に関する会計基準』への対応について～法人税関係～」（平成30年5月）25頁。

る取扱いでは認められないこととなる。

　以下，回収不能額を算出する際の貸倒引当金と，返品の影響を算出する際の返品調整引当金の取扱いについて，どのような影響が出るのか整理を行う。

III　収益の価額と貸倒引当金

　引渡しの時における価額又は通常得べき対価の額は，資産の販売等について，貸倒れが生ずる可能性がないものとした場合における価額とする（30改正新法22の2⑤）。このため，益金に算入される収益の額について，貸倒れの相当額は認識されないこととなった。

　貸倒れについては，債権の回収に係るリスクの顕在化として損金として処理できるかどうかを判定すべきものであって，収益の認識の時点において調整すべきものではないという考え方によるものと考えられる*3。一方で，会計上認識された値引き，割戻しがある場合は，税務上も認識することとなるため，このあたりは処理にあたって確認が必要になる。

　従来の税務上の処理としては，貸倒れによる損失の見込み額については，損

●図表−2　金銭債権計上差額のイメージ

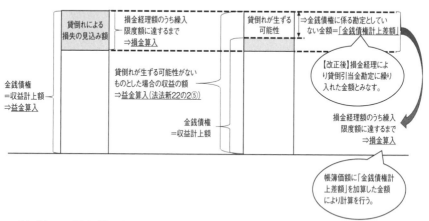

（出典）　国税庁「収益認識に関する会計基準への対応」を参考に筆者作成。

＊3　鈴木理加・髙野公一著，PwCあらた有限責任監査法人編『収益認識の会計実務』（中央経済社，2018年）170頁。

金経理額のうち繰入限度額に達するまで損金算入を行うが，新会計基準の導入に伴い，貸倒れが生ずる可能性があるとして金銭債権に係る勘定としていない金額がある場合，当該金銭債権計上差額については，損金経理により貸倒引当金勘定に繰り入れた金額とみなすこととなった。

中小法人，銀行・保険会社等及び一定の金銭債権を有する法人は，当該金銭債権について，個別金銭債権，一括評価金銭債権に区分し，それぞれに対する貸倒れによる損失の見込額として，損金経理により貸倒引当金勘定に繰り入れた金額のうち，繰入限度額に達するまでの金額を損金に算入することができる。

具体的には，法人が行った資産の販売等に係る対価について，資産の販売等の対価の額にかかる金銭債権の貸倒れが生じる可能性があることにより，売掛債権の金額としていない金額がある場合は，当該金額を「金銭債権計上差額」として損金経理により貸倒引当金勘定に繰り入れた金額，又はその設けた「期中個別貸倒引当金勘定」もしくは「期中一括貸倒引当金勘定」とみなすこととなった。

Ⅳ 収益の価額と返品調整引当金

1 返品調整引当金の廃止に伴う経過措置①〜「10年間にわたり損金算入限度額を縮減する方法」

返品調整引当金（30改正旧法53）は，貸倒引当金（**法法52**）と同様に法人税法において個別に定められている引当金の一つであった。

返品調整引当金勘定を設定することができる事業の範囲[*4]については，出版業などの具体的事業が掲げられている。これらの事業のうち，常時，その販売する当該対象事業に係る棚卸資産の大部分につき，当該販売の際の価額による買戻しに係る特約その他の政令で定める特約を結んでいるものが，当該棚卸資産の当該特約に基づく買戻しによる損失の見込額として，各事業年度終了の時において損金経理により返品調整引当金勘定に繰り入れた金額については，

[*4] 返品調整引当金に規定する政令で定める事業は，次に掲げる事業とする（法令99）。
 1．出版業
 2．出版に係る取次業
 3．医薬品（医薬部外品を含む。），農薬，化粧品，既製服，蓄音機用レコード，磁気音声再生機用レコード又はデジタル式の音声再生機用レコードの製造業
 4．前各号に規定する物品の卸売業

■「取引価格の算定」と貸倒引当金・返品調整引当金 67

当該繰り入れた金額のうち，最近における当該対象事業に係る棚卸資産の当該特約に基づく買戻しの実績を基礎として政令で定めるところにより計算した金額に達するまでの金額は，当該事業年度の所得の金額の計算上，損金の額に算入する（30改正旧法53①）。

　この返品調整引当金（30改正旧法53）は，平成30年４月１日施行の「所得税法等の一部を改正する法律案」（第196回国会）において削除されている。経過措置として，平成30年４月１日において返品調整引当金制度の対象事業を営む法人について，平成33年３月31日までに開始する各事業年度については現行通りの損金算入限度額による引当金を認めるとともに，平成33年４月１日から平成42年３月31日までの間に開始する各事業年度については現行法による損金算入限度額に対して１年ごとに10分の１ずつ縮小した額の引当てを認める等の経過措置を講ずることとなった＊5。

・平成33年３月31日までに開始する事業年度：

現行通りの損金算入限度額

・平成33年４月１日〜平成34年３月31日までの間：

現行通りの損金算入限度額×９／10　⇒　翌期に益金算入

・平成34年４月１日〜平成35年３月31日までの間：

現行通りの損金算入限度額×８／10　⇒　翌期に益金算入

・平成35年４月１日〜平成36年３月31日までの間：

現行通りの損金算入限度額×７／10　⇒　翌期に益金算入

・平成36年４月１日〜平成37年３月31日までの間：

現行通りの損金算入限度額×６／10　⇒　翌期に益金算入

・平成37年４月１日〜平成38年３月31日までの間：

現行通りの損金算入限度額×５／10　⇒　翌期に益金算入

・平成38年４月１日〜平成39年３月31日までの間：

現行通りの損金算入限度額×４／10　⇒　翌期に益金算入

・平成39年４月１日〜平成40年３月31日までの間：

現行通りの損金算入限度額×３／10　⇒　翌期に益金算入

・平成40年４月１日〜平成41年３月31日までの間：

現行通りの損金算入限度額×２／10　⇒　翌期に益金算入

＊5　平成30年度税制改正大綱（自由民主党・公明党）。

●図表－3　損金算入限度額のイメージ（3月決算法人の例）

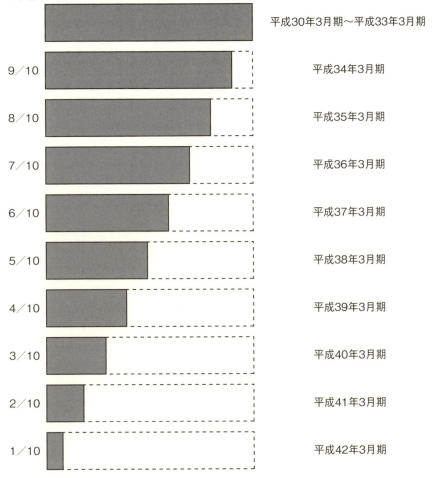

- 平成41年4月1日～平成42年3月31日までの間：
  現行通りの損金算入限度額×1/10
  ⇒　平成42年4月1日以降に開始する事業年度に益金算入

2　返品調整引当金の廃止に伴う経過措置②～「返金負債勘定を設ける方法」

法人税基本通達の中で「返品権付き販売」については，以下の対応となる[*6]。

・返品の可能性があっても収益の額を減額しない（**30改正新法22の2⑤**）
・返品調整引当金制度の廃止（**30改正旧法53**）に伴う対応
・新会計基準を適用した場合についても現行の返品債権特別勘定で認められていたものと同様の取扱いを維持

　法人が，経過措置事業年度に返金負債勘定を設けている場合，返金負債勘定の金額から設けている返品資産勘定の金額を控除した部分の金額を，損金経理により返品調整引当金に繰り入れた金額，又は設けた期中返品調整引当金勘定の額とみなすこととなる。

　そこで，従前の返品調整引当金（**30改正旧法53**）による取扱いと，法人税基本通達9－6－4における取扱いについて，それぞれ仕訳例を記載する。

仕訳例

　1個300円の商品（原価160円）を100個販売し，その返品予想を2個と見込む。

＜返品調整引当金による取扱い＞

現金・預金	32,400	／	売　上	30,000
		／	仮受消費税	2,400

売上原価	16,000	／	商　品	17,280
仮払消費税	1,280	／		
返品調整引当金繰入	280	／	返品調整引当金	280

＊6　国税庁，前掲＊2，34頁。

70　第2章　収益認識基準の制定に伴う法人税法の対応

＜返金負債勘定による取扱い＞

現金・預金	32,400	／	売　上	29,400
		／	返金負債	600
		／	仮受消費税	2,400

売上原価	15,680	／	商　品	17,280
返品資産	320	／		
仮払消費税	1,280	／		

※消費税は返金負債，返品資産を含めて計算を行う。

（返金負債600　－　返品資産320　＝　280）

　返金負債は，買戻しが見込まれる資産の返金債務を指し，返品資産は，買戻しが見込まれる資産を回収する権利を指すこととなる。これにより，経過措置期間中における法人税法の取扱い上，返金負債と返品資産の差額280が損金経理により返品調整引当金勘定に繰り入れたものとみなされる。

＜経過措置期間終了後の法人税法の対応＞

| 現金・預金 | 32,400 | ／ | 売　上 | 30,000 |
| | | ／ | 仮受消費税 | 2,400 |

| 売上原価 | 16,000 | ／ | 商　品 | 17,280 |
| 仮払消費税 | 1,280 | ／ | | |

　経過措置期間終了後は，会計上，「返金負債」勘定や「返品資産」勘定が使われていたとしても，法人税法上，両勘定の差額が返品調整引当金を損金に算入したものとして取り扱わないこととなる。

■■■ まとめ

　収益認識に関する会計基準の公表に伴い，税務に関する取扱いも公表されたことで，改正に関する内容が判明し，会計における取扱いと税務における取扱いについて，いくつかの違いが明らかになった。

■「取引価格の算定」と貸倒引当金・返品調整引当金　71

また，新会計基準において，収益の額には，第三者のために回収する額は含まれないこととなるため，税込方式が認められないが，法人税基本通達の対応案においては「引き続き，法人の選択により税抜方式と税込方式のいずれも対応可能とする」*7とあることから，実務的な混乱は避けられることとなりそうである。

　もっとも，中小企業（監査対象法人以外）については，引き続き企業会計原則に則った会計処理も可能ではあるが，収益認識に関する新会計基準や法人税法，同法施行令，法人税基本通達が定まったことで，中小企業についても収益計上を行う際に参考とすべき項目があるため，適用対象法人の今後の取扱いに関しても注視していくことが望ましい。

ポイント

① 　取引価格の算定に際し，値引き，リベート等の変動性のある金額が含まれる場合，当該金額を見積り，その部分を増減して取引価格を算定する。

② 　変動部分の金額を算出する際，貸倒れが生ずる可能性があるとして会計上差し引かれた金額は，法人税法上，本来貸倒れが生ずる可能性がないものとして益金算入を行う。

③ 　収益認識基準の導入により，返品調整引当金が廃止となり，経過措置が設けられた。

④ 　消費税については，本来第三者のために回収する額に含まれないことから，税込方式が認められないが，中小企業は引き続き税込方式での対応が可能となった。

[四方田　彰]

---

*7　国税庁，前掲*2，36頁。

72　第2章　収益認識基準の制定に伴う法人税法の対応

「履行義務の充足」と延払基準

　企業会計基準委員会が承認し公表した「収益認識に関する会計基準」(以下「新会計基準」という。)及びその適用指針(以下「新適用指針」という。)は,国際的会計基準との基本的整合性を図り,同時に財務諸表間の比較可能性を目的とするものである。

　新会計基準では「約束した財又はサービスの顧客への移転を当該財又はサービスと交換に企業が権利を得ると見込む対価の額で描写するように,収益を認識すること」を基本となる原則としている。

　これは,顧客との契約から生じる収益及びキャッシュ・フローの性質,金額,時期及び不確実性に関する有用な情報を財務諸表利用者に報告するために,示しているものであり,市場関係者の理解に資するために,この基本となる原則に従って収益を認識するための5つのステップを示している(**新会計基準17項,115項**)。

　本稿では,ステップ5として位置づけられている「履行義務の充足」について,用語の定義から,新会計基準及び新適用指針に則った概要を紹介し,それに伴う税務への影響として,延払基準の廃止と経過措置について,現状明らかになっている点を述べる。

Ⅰ 「履行義務の充足」の意義

1 履行義務

新会計基準において,履行義務は以下のように定義づけられている。

> 32. 契約における取引開始日に,顧客との契約において,約束した財又はサービスを評価し,次の(1)又は(2)のいずれかを顧客に移転する約束のそれぞれについて履行義務として識別する。

（1） 別個の財又はサービス（あるいは別個の財又はサービスの束）
（2） 一連の別個の財又はサービス（特性が実質的に同じであり，顧客へ
の移転のパターンが同じである複数の財又はサービス）

　ここにいう「契約」とは，一般的な「契約書」とは異なり，法的な強制力の
ある権利及び義務を生じさせる複数の当事者間における取決めをいうものとさ
れている（**新会計基準5項**）。したがって，複数の契約に含まれた契約であっ
ても，一定の要件を充足した場合には，1つの契約として取り扱うことが求め
られている。
　そして，この契約において，売上や収益を認識するための会計処理の単位を履
行義務として，この履行義務が単一であるのか，複数であるのか，又はいつ，ど
のような額で計上するのかを決定するプロセスが新会計基準には示されてい
る[1]。

2 履行義務の充足

　「履行義務の充足」は，売上げや収益を認識する会計単位である履行義務が，
いつ充足されたと認識するのかというプロセスとなり，この履行義務の充足に
ついて新会計基準では以下のように示されている。

35. 企業は約束した財又はサービス（本会計基準において，顧客との契
　　約の対象となる財又はサービスについて，以下「資産」と記載すること
　　もある。）を顧客に移転することにより履行義務を充足した時に又は充
　　足するにつれて，収益を認識する。資産が移転するのは，顧客が当該資
　　産に対する支配を獲得した時又は獲得するにつれてである。

　すなわち，収益は履行義務を「充足した時」に認識される場合と，「充足す
るにつれて」収益を認識することになることを明確にしている。
　そして，その充足は，企業から顧客に財又はサービスが移転したことにより
認識されるのであるが，移転とは「顧客が当該資産に対する支配を獲得した時
又は獲得するにつれて」移転されたものと解するとしている。すなわち，収益

＊1　鈴木理加，高野公一著，PwC あらた有限責任監査法人編『収益認識の会計実務』（中
　　央経済社，2018年）27頁以下。

74　第2章　収益認識基準の制定に伴う法人税法の対応

の認識に関しては，企業が顧客への財又はサービスの移転と一致しない活動に基づき収益を認識することは適当ではないため，企業側ではなく顧客側においてその支配を獲得した事実をもって移転を認識するという顧客視点の考え方が，新会計基準の特徴となっている（**新会計基準132項**）。

3 資産に対する支配

新会計基準35項にいう「資産に対する支配」については以下のように示されている。

> 37. 資産に対する支配とは，当該資産の使用を指図し，当該資産からの残りの便益のほとんどすべてを享受する能力（他の企業が資産の使用を指図して資産から便益を享受することを妨げる能力を含む。）をいう。

この資産には，財だけでなくサービスも含まれると解されている（**新会計基準133項**）。

当該資産の使用を指図する能力とは，顧客が当該資産を自らの活動に利用することだけでなく，当該資産の他の企業の活動への利用を認めることや他の企業による当該資産の利用を制限する権利も含まれているとされている[2]。したがって37項にいう「支配」には，他の企業が資産の使用を指図して資産から便益を享受することを妨げる能力も含まれる。

また，37項の資産からの便益とは，例えば，次の方法により直接的又は間接的に獲得できる潜在的なキャッシュ・フロー（インフロー又はアウトフローの節減）であるとされている（**新会計基準133項**）。

(1) 財の製造又はサービスの提供のための資産の使用
(2) 他の資産の価値を増大させるための資産の使用
(3) 負債の決済又は費用の低減のための資産の使用
(4) 資産の売却又は交換
(5) 借入金の担保とするための資産の差入れ
(6) 資産の保有

---

* 2　前掲 * 1・129頁。

■「履行義務の充足」と延払基準　75

Ⅱ 一定の期間にわたり充足される履行義務

1 新会計基準に沿った原則的な取扱い

　企業は，「履行義務の充足」がいつ行われるのかの判定において，識別された履行義務のそれぞれが，契約開始時点において，一定の期間にわたって充足されるものか，一時点で充足されるものかを判断することになる。

　判断にあたっては，まず一定の期間にわたり履行義務が充足される要件について検討し，これに該当しないものを一時点で充足される履行義務として判断することになる。そして，一定の期間にわたり充足される履行義務の判定にあたっては，新会計基準38項において，以下の要件を示している。

---

38. 次の(1)から(3)の要件のいずれかを満たす場合，資産に対する支配を顧客に一定の期間にわたり移転することにより，一定の期間にわたり履行義務を充足し収益を認識する。
　(1)　企業が顧客との契約における義務を履行するにつれて，顧客が便益を享受すること
　(2)　企業が顧客との契約における義務を履行することにより，資産が生じる又は資産の価値が増加し，当該資産が生じる又は当該資産の価値が増加するにつれて，顧客が当該資産を支配すること
　(3)　次の要件のいずれも満たすこと
　・企業が顧客との契約における義務を履行することにより，別の用途に転用することができない資産が生じること
　・企業が顧客との契約における義務の履行を完了した部分について，対価を収受する強制力のある権利を有していること

■ 企業が顧客との契約における義務を履行するにつれて，顧客が便益を享受すること

　本要件は，日常的又は反復的なサービス（例えば，清掃サービス）に関するものなどが例として挙げられている。

　すなわち，企業の履行につれて，企業の履行により生じる便益を顧客が直ちに受け取り消費するケースが想定されており，企業の履行によって顧客が便益

76　第2章　収益認識基準の制定に伴う法人税法の対応

を直ちに享受しない契約に適用されるケースについては，他の要件が検討されることになる（**新会計基準135項**）。

　また，顧客が便益を直ちに受け取って消費するかどうかの判断が容易でなく，仮に他の企業が顧客に対する残存履行義務を充足する場合に，企業が現在までに完了した作業を当該他の企業が大幅にやり直す必要がないときには，企業が顧客との契約における義務を履行するにつれて，顧客が便益を享受するものとされている（**新適用指針9項**）。

　なおこの場合，新適用指針9項では，他の企業が作業を大幅にやり直す必要がないかどうかを判定する場合として，次の①及び②の仮定を置くこととしている。

① 企業の残存履行義務を他の企業に移転することを妨げる契約上の制限又は実務上の制約は存在しない。

② 残存履行義務を充足する他の企業は，企業が現在支配する資産からの便益を享受しない。また，当該他の企業は，履行義務が当該他の企業に移転した場合でも企業が支配し続けることになる当該資産の便益を享受しない。

2　企業が顧客との契約における義務を履行することにより，資産が生じる又は資産の価値が増加し，当該資産が生じる又は当該資産の価値が増加するにつれて，顧客が当該資産を支配すること

　本要件は，企業における義務の履行によって仕掛品等の資産が生じ，その仕掛品等を顧客が支配しているケースが考えられる。また，企業が顧客との契約にける義務を履行することにより生じる資産又は価値が増加する資産は，有形又は無形のいずれの場合もある（**新会計基準136項**）。

　例えば，企業が顧客の所有する土地の上に建設を行う工事契約の場合には，通常，顧客は企業の履行から生じる仕掛品を支配する。

3　企業が顧客との契約における義務を履行することにより，別の用途に転用することができない資産が生じること，かつ，義務の履行を完了した部分について，対価を収受する強制力のある権利を有していること

① 企業が顧客との契約における義務を履行することにより，別の用途に転用することができない資産が生じること

　資産を別の用途に転用することができるかどうかの判定は，契約における取引開始日に行う。これは，判定を継続的に見直すことにより収益認識の方法が随時変更されると，有用な情報が提供されなくなることから，契約における取

■「履行義務の充足」と延払基準　77

引開始日後は，履行義務を著しく変更する契約変更がある場合を除き，当該判定を見直さないこととされている（**新適用指針10項，116項**）。

　また，資産を別の用途に転用することができない場合とは，企業が履行するにつれて生じる資産又は価値が増加する資産を別の用途に容易に使用することが契約上制限されている場合，あるいは完成した資産を別の用途に容易に使用することが実務上制約されている場合であるとされている（**新適用指針10項**）。

　この場合における資産を別の用途に容易に使用することが契約上制限されている場合とは，たとえば契約の締結により資産を別の顧客に移転することが制限されているなど，契約上の制限が実質的な場合である。

　また，資産を別の用途に容易に使用することが実務上制約されている場合とは，当該資産を別の用途に使用するために重要な経済的損失が生じる場合をいうものとされており，企業が当該資産に手を加えるために重要なコストが生じること又は重要な損失が生じる売却しかできないことのいずれかの理由により生じる可能性がある（**新適用指針119項**）。

　たとえば，製品の基本設計は汎用的であるものの，大幅に顧客仕様のものとなる最終製品を製造する契約においては，最終製品を別の用途に転用する場合に，大幅な手直しが必要となるか，といった点を検討することになる（**新適用指針120項**）。

② 履行を完了した部分について，対価を収受する強制力のある権利を有していること

　履行を完了した部分について対価を収受する権利の有無及び当該権利の強制力の有無を判定するにあたっては，契約条件及び当該契約条件を補足する又は覆す可能性のある法令や判例等を考慮する。当該考慮にあたっては，例えば，次の(ア)から(ウ)を評価することが含まれる（**新適用指針13項**）。

　(ア)　当該権利について，契約上明記されていない場合であっても，法令や判例等により確認されるかどうか。

　(イ)　判例等により，同様の契約における当該権利について，法的拘束力がないことが示されているかどうか。

　(ウ)　当該権利を強制しないことを選択する企業の取引慣行があることにより，当該権利は法的に強制力があるとはいえない結果が生じるかどうか。

　ただし，同様の契約において企業が当該権利を放棄することを選択する場合であっても，顧客との契約により，履行を完了した部分について対価を収受す

78　第2章　収益認識基準の制定に伴う法人税法の対応

る権利に引き続き強制力があるときには，当該権利を有していることとなる。

また，履行を完了した部分について対価を収受する強制力のある権利を有している場合とは，契約期間にわたり，企業が履行しなかったこと以外の理由で契約が解約される際に，少なくとも履行を完了した部分についての補償を受ける権利を有している場合である（新適用指針11項）。

2 代替的な取扱い（期間がごく短い工事契約及び受注制作のソフトウェア）

新会計基準38項の定めにかかわらず，工事契約ならびに受注制作のソフトウェアについて，契約における取引開始日から完全に履行義務を充足すると見込まれる時点までの期間がごく短い場合には，一定の期間にわたり収益を認識せず，完全に履行義務を充足した時点で収益を認識することができる（**新適用指針95項，96項**）。

工事契約会計基準では，「工期がごく短いものは，通常，金額的な重要性が乏しいばかりでなく，工事契約としての性格にも乏しい場合が多いと想定される。このような取引については，工事進行基準を適用して工事収益総額や工事原価総額の按分計算を行う必要はなく，通常，工事完成基準を適用することになると考えられる。」とされていた。この考え方に基づき，新適用指針では，工期がごく短いものは，通常，金額的な重要性が乏しいと想定され，完全に履行義務を充足した時点で収益を認識しても財務諸表間の比較可能性を大きく損なうものではないと考えられるため，代替的な取扱いを定めているものとされており，受注制作のソフトウエアについても同様の取扱いを行っている（**新適用指針168項，169項**）。

Ⅲ 一時点で充足される履行義務

1 新会計基準に沿った原則的な取扱い

一定の期間にわたり充足される履行義務に関する新会計基準38項(1)から(3)の要件のいずれも満たさず，履行義務が一定の期間にわたり充足されるものではない場合には，一時点で充足される履行義務として，資産に対する支配を顧客に移転することにより当該履行義務が充足されるときに収益を認識する（**新会計基準39項**）。

そして，資産に対する支配を顧客に移転した時点の決定に関して，新会計基準40項は以下のように示している。

40. 資産に対する支配を顧客に移転した時点を決定するにあたっては，第37項の定めを考慮する。また，支配の移転を検討する際には，例えば，次の(1)から(5)の指標を考慮する。
　(1) 企業が顧客に提供した資産に関する対価を収受する現在の権利を有していること
　(2) 顧客が資産に対する法的所有権を有していること
　(3) 企業が資産の物理的占有を移転したこと
　(4) 顧客が資産の所有に伴う重大なリスクを負い，経済価値を享受していること
　(5) 顧客が資産を検収したこと

2 代替的な取扱い（出荷基準等）

新会計基準39項及び40項の定めにかかわらず，商品又は製品の国内の販売において，出荷時から当該商品又は製品の支配が顧客に移転される時までの期間が通常の期間である場合には，出荷時から当該商品又は製品の支配が顧客に移転される時までの間の一時点（例えば，出荷時や着荷時）に収益を認識することができる。

なお，商品又は製品の出荷時から当該商品又は製品の支配が顧客に移転される時までの期間が通常の期間である場合とは，当該期間が国内における出荷及び配送に要する日数に照らして取引慣行ごとに合理的と考えられる日数である場合をいう（**新適用指針98項**）。

これは，出荷時に収益を認識しても，商品又は製品の支配が顧客に移転される時に収益を認識することとの差異が，通常，金額的な重要性に乏しいと想定され，財務諸表間の比較可能性を大きく損なうものではないと考えられることから，代替的な取扱いを定めているものである（**新適用指針171項**）。

80　第2章　収益認識基準の制定に伴う法人税法の対応

Ⅳ 履行義務の充足に係る進捗度

　企業は，一定の期間にわたり充足される履行義務について，履行義務の充足に係る進捗度を一定の方法により見積り，収益を認識する必要がある。その進捗度の見積りについて，新会計基準は以下のように示している。

41. 一定の期間にわたり充足される履行義務については，履行義務の充足に係る進捗度を見積り，当該進捗度に基づき収益を一定期間にわたり認識する。

42. 一定の期間にわたり充足される履行義務については，単一の方法で履行義務の充足に係る進捗度を見積り，類似の履行義務及び状況に首尾一貫した方法を適用する。

43. 履行義務の充足に係る進捗度は，各決算日に見直し，当該進捗度の見積りを変更する場合は，会計上の見積りの変更（企業会計基準第24号「会計上の変更及び誤謬の訂正に関する会計基準」第4項(7)）として処理する。

44. 履行義務の充足に係る進捗度を合理的に見積もることができる場合にのみ，一定の期間にわたり充足される履行義務について収益を認識する。

45. 履行義務の充足に係る進捗度を合理的に見積もることができないが，当該履行義務を充足する際に発生する費用を回収することが見込まれる場合には，履行義務の充足に係る進捗度を合理的に見積もることができる時まで，一定の期間にわたり充足される履行義務について原価回収基準により処理する。

1 新会計基準に沿った原則的な取扱い

1 適切な見積り

　履行義務の充足に係る進捗度，すなわち完全な履行義務の充足に向けて財又はサービスに対する支配を顧客に移転する際の企業の履行を描写する進捗度の適切な見積りの方法には，アウトプット法とインプット法が挙げられ，その方法を決定するにあたっては，財又はサービスの性質を考慮することとされてい

■ 「履行義務の充足」と延払基準　81

る（新適用指針15項）。

　なお，履行義務の充足に係る進捗度を合理的に見積もることができない場合とは，進捗度を適切に見積もるための信頼性のある情報が不足している場合をいうものとされている（新会計基準139項）。

❷　アウトプット法

　アウトプット法は，現在までに移転した財又はサービスの顧客にとっての価値を直接的に見積るものであり，現在までに移転した財又はサービスと契約において約束した残りの財又はサービスとの比率に基づき，収益を認識するものである。

　アウトプット法に使用される指標には，現在までに履行を完了した部分の調査，達成した成果の評価，達成したマイルストーン，経過期間，生産単位数，引渡単位数等がある（新適用指針17項）。

❸　インプット法

　インプット法は，履行義務の充足に使用されたインプットが契約における取引開始日から履行義務を完全に充足するまでに予想されるインプット合計に占める割合に基づき，収益を認識するものである。

　インプット法に使用される指標には，消費した資源，発生した労働時間，発生したコスト，経過期間，機械使用時間等がある。企業のインプットが履行期間を通じて均等に費消される場合には，収益を定額で認識することが適切となることがある（新適用指針20項）。

2　代替的な取扱い（原価回収基準等）

　履行義務の充足に係る進捗度を合理的に見積もることができないが，当該履行義務を充足する際に発生する費用を回収することが見込まれる場合には，履行義務の充足に係る進捗度を合理的に見積もることができる時まで，一定の期間にわたり充足される履行義務について原価回収基準により処理することとされている（新会計基準45項）。

　他方で，一定の期間にわたり充足される履行義務について，契約の初期段階において，履行義務の充足に係る進捗度を合理的に見積ることができない場合には，当該契約の初期段階に収益を認識せず，当該進捗度を合理的に見積ることができる時から収益を認識することができる（新適用指針99項）。

　原価回収基準は，詳細な予算が編成される前等，契約の初期段階においては，

82　第2章　収益認識基準の制定に伴う法人税法の対応

その段階で発生した費用の額に重要性が乏しいと考えられ，当該契約の初期段階に回収することが見込まれる費用の額で収益を認識しないとしても，財務諸表間の比較可能性を大きく損なうものではないと考えられるため，代替的な取扱いを定めている（新適用指針172項）。

Ⅴ　長期割賦販売等に係る延払基準

1　長期割賦販売等に係る延払基準の廃止

　これまで，割賦販売が行われた場合，商品等を引き渡した日に収益を認識するいわゆる引渡基準によることを原則としつつも，代金の回収が長期間にわたり，危険が高い等の特性を考慮して，契約上の賦払金の支払期日とされている日又は入金の日をもって収益を認識する方法も例外的に認められてきた。

　これに伴い，税務上も，分割払いにより納税資金が不足することを考慮して，法人が，長期割賦販売等に該当する資産の販売等に係る収益の額及び費用の額について，延払基準の方法により経理した場合には，その経理した収益の額及び費用の額はその各事業年度の所得の金額の計算上，益金の額及び損金の額に算入することとされていた（旧法人税法63①）。

　しかし，新会計基準においては，契約の対価を販売取引部分の履行義務と金融取引（利息）部分の履行義務に区分して収益認識を検討することになるため，販売取引部分については支配の移転時に一括して収益認識されることになった。

　平成30年度税制改正において新設された法人税法22条の2では，新会計基準を受けて，その1項に原則として収益の計上時期を目的物の引き渡し又は役務の提供の日の属する事業年度とする一方，2項では公正処理基準に従って，引渡し等の日に近接する日の属する事業年度での計上も認められているが，この近接する日に長期割賦販売等に係る延払基準における回収日は該当しない。

　したがって，長期割賦販売等に該当する資産の販売等（資産の販売等で一定の要件に適合する条件を定めた契約に基づき行われるもの（リース譲渡に係る部分を除く。））について延払基準により収益の額及び費用の額を計算する選択制度は廃止されることとなった。

2　経 過 措 置

　平成30年4月1日前に長期割賦販売等に該当する資産の販売等を行った法人

■「履行義務の充足」と延払基準　83

の平成35年3月31日までに開始する各事業年度について，改正前の規定による延払基準の方法により収益の額及び費用の額を経理した場合には，所得計算に与える影響を考慮して従前どおり認められることとされている。

なお，平成30年4月1日以後に終了する事業年度において延払基準の方法により経理しなかった場合の長期割賦販売等に該当する資産の販売等に係る未計上収益額及び未計上費用額については，その経理しなかった事業年度以後の各事業年度に10年均等で収益を計上する等の経過措置が講じられている（**改正法附則28**）。

また，経過措置の適用を受ける法人の長期割賦販売等に該当する資産の販売等に係る収益の額及び費用の額が次に掲げる事項に該当する場合には，未計上収益額及び未計上費用額を一括して，それぞれ次の事業年度の所得の金額の計算上，益金の額及び損金の額に算入することとされている（**改正法附則28②**）。

(1) 経過措置事業年度（平成30年4月1日以後に終了する事業年度で，平成35年3月31日以前に開始する事業年度をいいます。）の確定した決算において延払基準の方法により経理しなかった場合

→ その経理しなかった決算に係る事業年度

(2) 平成35年3月31日以前に開始した各事業年度の所得の金額の計算上益金の額又は損金の額に算入されなかったものがある場合

⇒ 同日後最初に開始する事業年度

ただし，上記(1)又は(2)の事項に該当する場合において，未計上収益額が未計上費用額を超える場合には，未計上収益額及び未計上費用額を10年均等で，上記(1)又は(2)の事業年度以後の各事業年度の所得の金額の計算上，益金の額及び損金の額に算入することができる（**改正法附則28③**）こととされている。

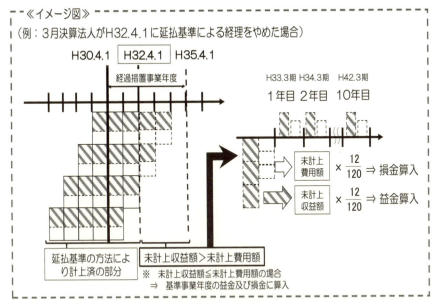

（出所） 国税庁「平成30年度　法人税関係法令の改正の概要」

まとめ

　本稿においては，新会計基準に示された収益認識の5つのステップのうち，**ステップ5**として示されている履行義務の充足について確認した。

　さらに，新会計基準が明確化されることにより廃止されることとなった，長期割賦販売等に係る延払基準について，会計及び税務の視点から解説を行ってきた。

　現状において国税庁は，中小企業の会計処理については，従来どおり企業会計原則等による会計処理が認められるとしており，税務については従来の取扱いが変更されるものではないことを示している。

　ただし，これまで担税力に応じた課税に即して適用されてきた「長期割賦販売等に係る資産の譲渡等の時期の特例」の廃止に代表されるように，新会計基準の公表は税制上大きな影響を与えている。

新会計基準は平成30年３月に導入されたものであり，平成33年４月以後開始事業年度において本格的に適用されるものであるため，今後明確になる会計処理に準じた税務処理については，なお注目する必要があるといえる。

ポイント

① 　履行義務は充足した時に又は充足するにつれて収益が認識される。

② 　一定の期間にわたり充足される履行義務は，新会計基準38項の要件に従って検討される。

③ 　新会計基準38項の要件に該当しない場合には，一時点で充足される履行義務に該当する。

④ 　一定の期間にわたり充足される履行義務は，合理的に進捗度を見積り，収益を認識する。

⑤ 　平成30年度税制改正により，延払基準は廃止となるが経過措置が設けられている。

〔茂垣　志乙里〕

第3章

収益認識基準の制定に伴う法人税基本通達の対応

新通達1
収益の計上の単位（原則）

　国税庁は2018年6月1日に新会計基準を踏まえた改正法人税基本通達（同年5月30日付）を公表した。原則として，中小企業については，中小企業に配慮して従前の取扱いによることも可能な内容となっているが，実務においては改正通達や新会計基準の考え方を理解しておく必要がある。

　そこで，本稿では，基本通達における「収益の計上の単位」について解説していきたい。

I　法人税基本通達の対応

1　整備方針

　国税庁は，法人税基本通達における収益認識基準への対応について，次のような方針を示している。「新会計基準は収益の認識に関する包括的な会計基準である。新会計基準における履行義務の充足により収益を認識するという考え方は，法人税法上の実現主義又は権利確定主義の考え方と齟齬をきたすものではない。そのため，改正通達には原則としてその新会計基準の考え方を取り込んでいく」とし，概ね新会計基準の考え方を採用した表現となっている。

　その一方で，新会計基準において過度に保守的な会計処理や恣意的な見積もりが行われる会計処理については，公平な所得計算の観点から問題があるとして，税独自の取扱いを定めることとしている。

　なお，中小企業については，新会計基準に拠ることなく引き続き従前の企業会計原則等に沿った会計処理も認められているため，今般の改正通達により従前の取扱いが変更されるものではないとしている。

2　新会計基準における収益を認識するための5つのステップ

　企業会計基準委員会（ASBJ）は，2018年3月30日に企業会計基準第29号

「収益認識に関する会計基準」及び企業会計基準適用指針第30号「収益認識に関する会計基準の適用指針」を公表した。

我が国では，これまで企業会計原則の損益計算書原則に，「売上高は，実現主義の原則に従い，商品等の販売又は役務の給付によって実現したものに限る」とされているのみで，収益認識に関する包括的な基準は存在していなかった。収益認識の判定にあたっては，長年にわたり，収益をその実現した時点で認識する考え方，すなわち企業会計原則における実現主義が採用されてきた。

新会計基準では，資産の販売による収益の額は，取引価格，つまり約束した財又はサービスの顧客への移転を，当該財又はサービスと交換に企業が権利を得ると見込む対価の額で描写するように，収益を認識するという考え方に基づいた基本となる原則が導入された。

新会計基準における収益認識基準は，国際財務報告基準（IFRS）第15号「顧客との契約から生じる収益」の内容を出発点に開発されたものであり，一部を除き，IFRS第15号とほぼ同様の内容となっている。IFRSにおける収益認識基準は，形式にとらわれるのではなく，取引の経済的実態に応じた会計処理を求めており，新会計基準もIFRS15号と同様，5つのステップ（契約の識別，履行義務の識別，取引価格の算定，履行義務への取引価格の配分，収益の認識）を適用して収益を認識することを基本としている。

したがって，従来採用されてきた実現主義と基本的な考え方は大きく変わらないものの，これまでの実務では，売上や収益の計上について，その会計処理の判断の過程を分けて考えていなかったが，新会計基準では収益認識を5つのステップに分けて考える必要がある。すなわち，5つのステップを適用して収益を認識することが基本となる原則に従った会計処理が行われることを示している。

3 法人税基本通達の対応

我が国の法人税法は，収益の認識について，特殊な取引形態を除き，明確な規定を設けておらず，「一般に公正妥当と認められる会計処理の基準」に従って計算されるものとされている。そのため，実務上では，具体的な収益の計上時期等についての取扱いについては，通達等の定めによっていた。

国税庁は，新会計基準の対応について，「新会計基準は，①「企業会計原則」に優先して適用される会計基準としての位置付けがなされており，②「履

●図表－1　収益を認識するための5つのステップ

ステップ1	・【契約の識別】 ・顧客との契約を識別する
ステップ2	・【履行義務の識別】 ・ステップ1で識別した契約について履行義務（収益認識の単位）を識別する
ステップ3	・【取引価格の算定】 ・ステップ1で識別した契約について取引価格を決定する
ステップ4	・【履行義務に取引価格を配分】 ・ステップ2で複数の履行義務が識別された場合には取引価格を配分する
ステップ5	・【履行義務充足により収益を認識】 ・履行義務を充足した時に又は充足するにつれて収益を認識する

行義務」という新たな概念をベースとして収益の計上単位，計上時期及び計上額を認識する会計処理が行われることとされている。また，法人税法では新たに資産の販売等に係る収益の計上時期及び計上額を明確化する規定が設けられるなどの改正が行われている。これらを踏まえ，法人税基本通達においては，「収益認識に関する会計基準」における収益の計上単位，計上時期及び計上額について「履行義務」という新たな概念を盛り込んだ形で見直しを行うとともに，法人税法において収益の計上時期及び計上額についての規定が設けられたこと等に伴う取扱いの整理を行っている」と説明されている。

4 収益の計上単位に関する改正通達の取扱い（法基通2－1－1，2－1－1の2～9）

改正通達では，収益の計上単位の取扱いについて，「収益計上単位の通則」（法基通2－1－1）と「収益計上単位の具体的取扱い」（法基通2－1－1の2～9）で構成されている。

「資産の販売等に伴い保証を行った場合」，「ポイント等を付与した場合」や「資産の販売等に係る収益の額に含めないことができる利息相当部分」につい

90　第3章　収益認識基準の制定に伴う法人税基本通達の対応

●図表－2　収益の計上に関する改正通達の構成及び新旧対応表

国税庁
平成30年5月

収益等の計上に関する改正通達(法人税基本通達第2章第1節部分)の構成及び新旧対応表

改正通達の構成	通達番号	改正後 第1節　収益等の計上に関する通則 第1款　資産の販売等に係る収益計上に関する通則	通達番号	改正前 第1節　収益等の計上に関する通則
収益計上単位の通則	2-1-1	収益の計上の単位の通則 (注)計上時期については、2-1-2以下の該当する取扱いによる。		※新設
収益計上単位の具体的取扱い	2-1-1の2	機械設備等の販売に伴い据付工事を行った場合の収益の計上の単位 (注)計上時期については、2-1-2以下の該当する取扱いによる。	2-1-10	機械設備等の販売に伴い据付工事を行った場合の収益の帰属時期の特例
	2-1-1の3	資産の販売等に伴い保証を行った場合の収益の計上の単位 (注)計上時期については、2-1-2以下の該当する取扱いによる。		※新設
	2-1-1の4	部分完成の事実がある場合の収益の計上の単位 (注)計上時期については、2-1-21の7の取扱いによる。	2-1-9	部分完成基準による収益の帰属時期の特例
	2-1-1の5	技術役務の提供に係る収益の計上の単位 (注)計上時期については、2-1-21の10の取扱いによる。	2-1-12	技術役務の提供に係る報酬の帰属の時期
	2-1-1の6	ノウハウの頭金等の収益の計上の単位 (注)計上時期については、2-1-30の3の取扱いによる。	2-1-17	ノーハウの頭金等の帰属の時期
	2-1-1の7	ポイント等を付与した場合の収益の計上の単位 (注)計上時期については、2-1-39の3の取扱いによる。		※新設
	2-1-1の8	資産の販売等に係る収益の額に含めないことができる利息相当部分 (注)計上時期については、2-1-24の取扱いによる。		※新設
	2-1-1の9	割賦販売等に係る収益の額に含めないことができる利息相当部分 (注)計上時期については、2-1-24の取扱いによる。	2-4-11	長期割賦販売等に係る収益の額に含めないことができる利息相当部分
収益の額の通則	2-1-1の10	資産の引渡しの時の価額等の通則	2-1-4	販売代金の額が確定していない場合の見積り
			2-1-7	工事代金の額が確定していない場合の見積り
	2-1-1の11	変動対価		※新設
収益の額の具体的取扱い	2-1-1の12	売上割戻しの計上時期	2-5-1	※一部改正
	2-1-1の13	一定期間支払わない売上割戻しの計上時期	2-5-2	※一部改正
	2-1-1の14	実質的に利益を享受することの意義	2-5-3	※一部改正
	2-1-1の15	値増金の益金算入の時期	2-1-8	※一部改正
	2-1-1の16	相手方に支払われる対価		※新設

（出典）　国税庁ホームページ

てなどの項目が新設され，より具体的な取扱いを明確化している。

II　改正通達～収益の計上の単位～

1　収益の計上の単位の通則〔結合〕（法基通2－1－1(1)　改正）

　新会計基準27項は，企業が複数の契約を締結する場合の会計処理を定めており，同一の顧客（当該顧客の関連当事者を含む）と同時又はほぼ同時に締結した複数の契約について，一定の要件を満たす場合には，当該複数の契約を結合し単一の契約とみなして処理するとしている。

　つまり，新会計基準では，一定の要件を満たす複数の契約については，たとえ複数の契約であっても，1つの契約として取り扱うことを求めている。そのため，ステップ1の＜契約の識別＞の段階で，複数の契約を結合し単一の契約とみなす定めが設けられている。これまでの実務では，契約書をベースとして

会計処理を行っているケースが多かったと思われるが，新会計基準では，契約をベースとして会計処理を検討することになる。

また，新会計基準は，履行義務単位で収益を認識することを求めている。履行義務とは，顧客との契約において，顧客に財又はサービスを移転する約束をいい（**新会計基準7項**），収益を認識するための会計処理の単位を履行義務と呼ばれている。

そのため，この結合した契約に複数の履行義務がある場合には，ステップ2以降でそれぞれ履行義務を識別し，取引価格を配分することとされている。

ちなみに，履行義務として識別される約束には，「別個の財又はサービス」と「一連の別個の財又はサービス」がある（**新会計基準7項**）。

後者の「一連の別個の財又はサービス」とは，例えば，毎日繰り返し行われるビル清掃業務について1年契約を締結しているケースで，日々の清掃業務という複数の履行義務が1年の契約期間にわたって繰り返し実施されているような場合が該当するとされている。

さて，改正通達では，資産の販売等に係る収益の額は，原則として個々の契約ごとに計上するが，次に掲げる場合に該当する場合には，それぞれ次に定めるところにより区分した単位ごとにその収益の額を計上することができることを明らかにしている（**法基通2－1－1**）。

(1) 同一の相手方及びこれとの間に支配関係その他これに準ずる関係のある者と同時期に締結した複数の契約について，当該複数の契約において約束した資産の販売等を組み合わせて初めて単一の履行義務となる場合　当該複数の

●図表－3　契約の結合
《イメージ》

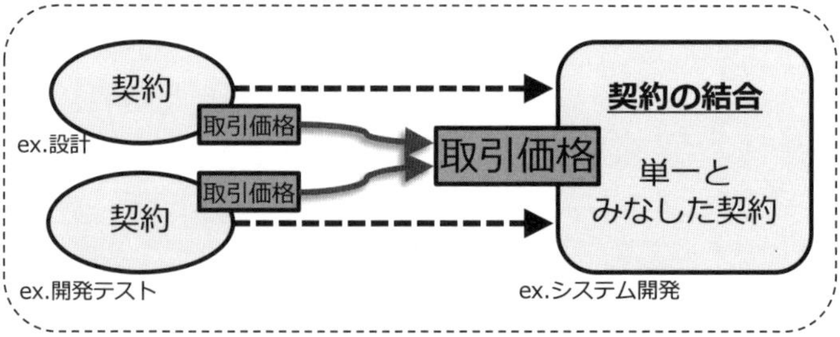

（出典）　国税庁「『収益認識に関する会計基準』への対応について」

92　第3章　収益認識基準の制定に伴う法人税基本通達の対応

契約による資産の販売等の組合せ

(2) 一の契約の中に複数の履行義務が含まれている場合　それぞれの履行義務に係る資産の販売等

すなわち，複数の契約において約束した取引を結合して初めて単一の履行義務となる場合には，その結合した単位を収益計上の単位とすることができるとされている。

また，請負工事が，工事進行基準が強制適用される長期大規模工事に該当し，強制工事進行基準になるかどうかについては，その結合した単位で判定することとするとされている（**法基通２－４－14（注）**）。

２ 収益の計上の単位の通則〔配分〕（法基通２－１－１(2)　改正）

新会計基準では，企業は約束した財又はサービスを顧客に移転することにより履行義務を充足した時に又は充足するにつれて，収益を認識するとされている（**新会計基準35項**）。

また，新会計基準第32項は，契約における取引開始日に，顧客との契約において約束した財又はサービスを評価し，次の(1)又は(2)のいずれかを顧客に移転する約束のそれぞれについて履行義務として識別するとしている（**新会計基準７項参照**）。(1)別個の財又はサービス（**同34項参照**）（あるいは別個の財又はサービスの束），(2)一連の別個の財又はサービス（特性が実質的に同じであり，顧客への移転のパターンが同じである複数の財又はサービス）（**同33項参照**）

つまり，ステップ２の＜履行義務の識別＞は，ステップ１で識別した契約の中に，収益を認識する単位がいくつ含まれているか識別する作業で，契約において顧客に約束した財又はサービスが，上記の２つの要件のいずれも満たす場合には，別個のものとして履行義務を識別するとされている。

【図表－４】の例では，顧客との契約において，商品Ａの販売と保守サービスの提供を１つの契約で締結している場合であるが，商品の販売と保守サービスの提供がそれぞれ別個の履行義務に該当するのか，それとも商品の販売と保守サービスの提供が単一の履行義務に該当するのかを判断することになる。

今までは，契約単位（受注単位）で収益を認識していたが，商品の販売と保守サービスの提供を別個の履行義務として識別した場合は，取引価格を配分したうえで，それぞれについて収益を認識することになる。つまり，契約に複数の履行義務がある場合には，収益を認識する単位が変わることとなるため，履

■新通達１　収益の計上の単位（原則）　93

●図表－4　履行義務の識別
《イメージ》

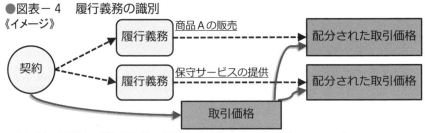

（出典）　国税庁「『収益認識に関する会計基準』への対応について」

行義務の区別が重要となってくる。

　例えば，顧客との契約において，商品の販売と2年間の保守サービスの提供を12,000千円（商品は10,000千円，保守サービスは2,000千円）で1つの契約で締結し，当期首で商品を引き渡し，当期首から翌期末の2年間で保守サービスを提供している場合の収益を認識するためのイメージをすると【図表－5】のようになる。

　改正通達では，履行義務の識別の要件により区分した単位を収益計上の単位とすることができることとされている。

　また，請負工事が，工事進行基準が強制適用される長期大規模工事に該当し，強制工事進行基準になるかどうかについては，その区分された単位で判定することとするとされている（法基通2－4－15（注））。

　なお，計上時期については，法人税基本通達2－1－2以下の該当する取扱いによるとされている。

3　機械設備等の販売に伴い据付工事を行った場合の収益の計上の単位（法基通2－1－1の2，旧法基通2－1－10から移動）

　従前の取扱いでは，単なる機械設備の販売だけではなく，据付工事までを一括して請け負い，据付が完成し稼働できる状態になった時に相手方に引き渡す内容の契約の場合には，機械設備等本体の販売とその据付工事とを一体不可分の取引として処理するか，機械設備の販売と据付工事を別個のものとしてみるかによって，その収益の計上時期が決定されるとされていた（旧法基通2－1－10）。

　改正通達では，「法人が機械設備等の販売をしたことに伴いその据付工事を

● 図表－5　収益認識の5つのステップの流れ（イメージ図）

（設例）　商品の販売と保守サービス（2年間）を提供する契約の場合
　　　　　商品の引渡し：当期首　　保守サービス：当期首から翌期末
　　　　　契約書上の対価の額：12,000千円

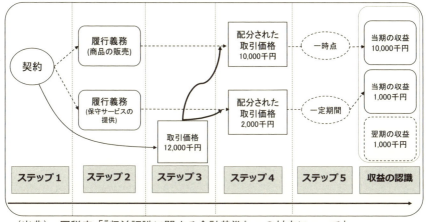

（出典）　国税庁「『収益認識に関する会計基準』への対応について」

行った場合において，その据付工事が相当の規模のものであり，かつ，契約その他に基づいて機械設備等の販売に係る対価の額とその据付工事に係る対価の額とを合理的に区分することができるときは，2－1－1ただし書(2)に掲げる場合に該当するかどうかにかかわらず，その区分した単位ごとにその収益の額を計上することができる」としている。

なお，計上時期については，法人税基本通達2－1－2以下の該当する取扱いによるとされている。

4　資産の販売等に伴い保証を行った場合の収益の計上の単位〔保証サービス付き〕（法基通2－1－1の3　新設）

新会計基準では，資産の販売等と保証サービスの提供を行った場合の収益の計上の単位として，(1)約束した財又はサービスに対する保証が，当該財又はサービスが合意された仕様に従っているという保証のみである場合，当該保証について，企業会計原則注解（注18）に定める引当金として処理する，(2)約束した財又はサービスに対する保証又はその一部が，当該財又はサービスが合意された仕様に従っているという保証に加えて，顧客にサービスを提供する保証

●図表－6　保証サービス

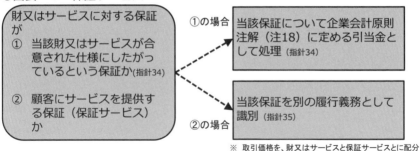

（出典）　国税庁「『収益認識に関する会計基準』への対応について」

（保証サービス）を含む場合には，保証サービスは履行義務であり，取引価格を財又はサービス及び当該保証サービスに配分するとしている（**新適用指針34，35項**）。

改正通達では，法人が資産の販売等に伴いその販売もしくは譲渡する資産又は提供する役務に対する保証を行った場合において，当該保証がその資産又は役務が合意された仕様に従っているという保証のみであるときは，当該保証は当該資産の販売等とは別の取引の単位として収益の額を計上することにはならないことに留意するということを明らかにしている。

なお，製品が契約に定められた仕様を満たしているという保証（いわゆる品質保証型，アシュアランス型）である場合には，別の収益計上の単位とはしないこととする。

また，計上時期については，法人税基本通達2－1－2以下の該当する取扱いによるとされている。

5　部分完成の事実がある場合の収益の計上の単位（法基通2－1－1の4　旧法基通2－1－9から移動）

法人税基本通達2－1－1の4は，部分完成基準による計上が定められていた旧法基通2－1－9より移動してきている。

旧通達では，「その事業年度において引き渡した建設工事等の量又は完成した部分に対応する工事収入をその事業年度の益金の額に算入する」を，改正通達では，「その事業年度において引き渡した建設工事等の量又は完成した部分に区分した単位ごとにその収益の額を計上する」と改められている。

なお，計上時期については，法人税基本通達２－１－21の７の取扱いによるとされている。

6 技術役務の提供に係る収益の計上の単位（法基通２－１－１の５ 旧法基通２－１－12から移動）

　法人税基本通達２－１－１の５は，技術役務の提供に係る報酬の収益計上時期について定められていた旧通達２－１－12より移動してきている。

　旧通達では，「設計，作業の指揮監督，技術指導その他の技術役務の提供について次に掲げるような事実がある場合には，その支払を受けるべき報酬の額が確定する都度その確定した金額をその確定した日の属する事業年度の益金の額に算入する」を，改正通達では，「設計，作業の指揮監督，技術指導その他の技術役務の提供について次に掲げるような事実がある場合には，２－１－１にかかわらず，次の期間又は作業に係る部分に区分した単位ごとにその収益の額を計上する」と改められている。

　なお，計上時期については，法人税基本通達２－１－21の10の取扱いによるとされている。

7 ノウハウの頭金等の収益の計上の単位（法基通２－１－１の６ 旧法基通２－１－17から移動）

　法人税基本通達２－１－１の６は，ノーハウの頭金等の収益計上時期について定められていた旧通達２－１－17より移動してきている。

　旧通達では，「ノウハウの開示が２回以上にわたって分割して行われ，かつ，その設定契約に際して支払を受ける一時金又は頭金の支払がほぼこれに見合って分割して行われることとなっている場合には，その開示をした都度これに見合って支払いを受けるべき金額をその開示をした日の属する事業年度の益金の額に算入する」を，改正通達では，「ノウハウの開示が２回以上にわたって分割して行われ，かつ，その設定契約に際して支払を受ける一時金又は頭金の支払がほぼこれに見合って分割して行われることとなっている場合には，２－１－１にかかわらず，その開示をした部分に区分した単位ごとにその収益の額を計上する」と改められている。

　なお，計上時期については，法人税基本通達２－１－30の３の取扱いによるとされている。

■新通達１　収益の計上の単位（原則）　97

8 ポイント等を付与した場合の収益の計上の単位〔ポイント付与〕
（法基通２－１－１の７　新設）

　新会計基準では，顧客との契約において，既存の契約に加えて追加の財又は
サービスを取得するオプションを顧客に付与する場合には，当該オプションが
当該契約を締結しなければ顧客が受け取れない重要な権利を顧客に提供すると
き（例えば，通常の値引きの範囲を超える値引きを顧客に提供する場合）にの
み，当該オプションから履行義務が生じる（**新適用指針48項**）。

　改正通達では，次に掲げる要件のすべてに該当するときは，継続適用を条件
として，自己発行ポイント等について当初の資産の販売等とは別の取引に係る
収入の一部又は全部の前受けとすることができるとしている。

⑴　その付与した自己発行ポイント等が当初の資産の販売等の契約を締結しな
　ければ相手方が受け取れない重要な権利を与えるものであること

⑵　その付与した自己発行ポイント等が発行年度ごとに区分して管理されてい
　ること

⑶　法人がその付与した自己発行ポイント等に関する権利につきその有効期限
　を経過したこと，規約その他の契約で定める違反事項に相手方が抵触したこ
　とその他の当該法人の責に帰さないやむを得ない事情があること以外の理由
　により一方的に失わせることができないことが規約その他の契約において明

●図表－7　ポイント付与

《イメージ》

（例）商品Ａの売上額10,000に対し、自社で利用されるポイント1,000を付与する（消化率100％と仮定）	→	収益	9,090（＝10,000×10,000/(10,000+1,000)）
		商品Ａの販売	
	→	負債	顧客のポイント行使時に収益を認識する。
商品の販売とポイントに独立販売価格に基づき配分		ポイント	910（＝10,000×1,000/(10,000+1,000)）

(仕訳例)上記例のケース

	現行				**新基準**		
現金	10,000	売上高	10,000	現金	10,000	収益	9,090
ポイント引当金繰入	1,000	ポイント引当金	1,000			契約負債	910

（出典）　国税庁「『収益認識に関する会計基準』への対応について」

98　第3章　収益認識基準の制定に伴う法人税基本通達の対応

らかにされていること

(4) 次のいずれかの要件を満たすこと

　　イ　その付与した自己発行ポイント等の呈示があった場合に値引き等をする
　　　　金額が明らかにされており，かつ，将来の資産の販売等に際して，たとえ
　　　　1ポイント又は1枚のクーポンの提示があっても値引き等をすることとさ
　　　　れていること
　　ロ　その付与した自己発行ポイント等が当該法人以外の者が運営するポイン
　　　　ト等又は自ら運営する他の自己発行ポイント等で，イに該当するものと所
　　　　定の交換比率により交換できることとされていること

　なお，前受けとされた自己発行ポイント等については，原則としてその使用
に応じて益金算入されることになるが，一定期間経過後等の未使用部分の一括
収益計上については，商品引換券等の取扱いと同様に扱われる。

　なお，計上時期については，法人税基本通達2－1－39の3の取扱いによる
とされている。

9　資産の販売等に係る収益の額に含めないことができる利息相当部分（法基通2－1－1の8　新設）

　新会計基準は，資産の販売等に係る収益の額に含めないことができる利息相
当部分について，契約の当事者が明示的又は黙示的に合意した支払時期により，
財又はサービスの顧客への移転に係る信用供与についての重要な便益が顧客又
は企業に提供される場合には，顧客との契約は重要な金融要素を含むものとす
るとしている（新会計基準56項）。

　顧客との契約に重要な金融要素が含まれる場合には，取引価格の算定にあた
って，約束した対価の額に含まれる金利相当分の影響を調整することになる
（新会計基準57項）。

　すなわち，顧客との契約に重要な金融要素が含まれる場合とは，当事者間の
合意に基づいて，企業が履行する前に，顧客が一定の金額を前払いするような
場合や企業が履行した後，支払時期を遅らせて，顧客が後から支払うような場
合が該当するとされている。

　改正通達は，資産の販売等に係る契約に金銭の貸付に準じた取引が含まれて
いると認められる場合には，その利息相当分は当該資産の販売等に係る収益の
額に含めないことができることを明らかにしている。

■新通達1　収益の計上の単位（原則）　99

●図表－8　資産の販売等に係る収益の額に含めないことができる利息相当
　　　　　部分の仕訳例

(仕訳例) 企業は顧客Ａとの間で商品の販売契約を締結し、契約締結と同時に商品を引渡した。顧客は契約から２年後に対価2,000千円を支払う。対価の調整として用いる金利は１％					
（商品引渡時）	売掛金	1,960	売上	1,960
（１年後）	売掛金	20	受取利息	20
（２年後）	売掛金	20	受取利息	20
（対価受領時）	現金	2,000	売掛金	2,000

（出典）　国税庁「『収益認識に関する会計基準』への対応について」

　なお，計上時期については，法人税基本通達２－１－24の取扱いによるとされている。

10　割賦販売等に係る収益の額に含めないことができる利息相当部分（法基通２－１－１の９　旧法基通２－４－11から移動）

　法人税基本通達２　１－１の９は，割賦販売等に係る契約による利息相当部分について定められていた旧通達２－４－11より移動してきている。

　改正通達では，「明確，かつ，合理的」が削除されて改められている。なお，計上時期については，法人税基本通達２－１－24の取扱いによるとされている。

まとめ

　新会計基準は，2021年４月以後開始事業年度において本格的に適用されることから，様々な業種や業態における私法上の取引に応じた会計処理については，今後明らかになってくる予定だが，単に会計処理の変更の問題にとどまらず，業務やシステム，さらには経営管理にも大きな影響を受ける可能性があると言われている。

　中小企業については，新会計基準に拠ることなく引き続き従前の企業会計原則等に沿った会計処理（消費税も含む）も認められているため，中小企業会計指針や中小企業会計要領が変わらない限りは中小企業の会計には影響しないと考えられる。しかしながら，中小企業会計指針や中小企業会計要領に会計基準の一部が取り込まれた場合には，その部分については対応せざるを得ないことになる。その場合には契約書や実務運用ルール等の見直しの必要性が求められ

ると思われる。

【参考文献】
・鈴木理加・高野公一著，PwC あらた有限責任監査法人編『収益認識の会計実務』
（中央経済社，2018年）

ポイント

① 収益認識基準では，収益を認識するための会計処理の単位を「履行義務」と呼び，履行義務単位で収益を認識することを求めている。
② 通達においては，収益認識基準における収益の計上単位について「履行義務」という新たな概念を盛り込んだ形で見直しが行われた。
③ 改正通達では，複数の契約において約束した取引を結合して初めて単一の履行義務となる場合には，その結合した単位を収益計上の単位とすることができるとしている。
④ 改正通達では，履行義務の識別の要件により区分した単位を収益計上の単位とすることができるとしている。

［角田　敬子］

■新通達1　収益の計上の単位（原則）　101

新通達2 ポイント等を付与した場合

　企業会計基準第29号「収益認識に関する会計基準」の導入に伴い，平成30年5月30日付けで公表された改正法人税基本通達により，企業ポイントの税務処理に関しての課税庁の取扱いが明らかになった。新設された法人税基本通達2－1－1の7は，企業会計基準適用指針第30号「収益認識に関する会計基準の適用指針」において収益オプションの一つとして示された企業ポイントプログラムの考えを取り込み，税法上の一定の条件を加えて，法人税の計算に適合するようにしたものである。

　今日，企業ポイントプログラムは BtoC の形態で小売，サービス業を行う上場企業を中心として普及しているが，わが国では企業ポイントプログラムの会計処理基準が存在しなかったため，国際会計基準とも米国基準とも異なる会計処理が行われていた。

I 企業ポイントプログラムの会計処理基準

　企業ポイントと総称されているものがいかなるものであるかを，定義づけることは難しい。企業ポイントを受け取る側から見れば，企業ポイントの受領とは，発行企業あるいは提携企業において，値引きやサービスあるいはキャッシュバック等を，将来受けとることが出来る権利を取得することである。

　企業ポイントを発行する企業からすれば，企業ポイントとは，将来における売上の値引きで，前受金となるのか，今現在の販売促進費であり，未払金となるのか，ポイント発行企業ではなく，提携先ポイントを利用する企業の場合にはどうするのか等々，企業間において様々な会計処理が存在し得るというのが現状である。企業ポイントに関する債務が実際は多いのではないかという懸念が示される中，ポイント負債の額だけでも開示していこうとの考えから，企業会計原則注解18の引当金の一種としてポイント引当金を財務諸表に計上する実務が行われるようになったが，引当金の相手勘定は，収益の減少（売上値

102　第3章　収益認識基準の制定に伴う法人税基本通達の対応

引）であったり，ポイント販促費（費用）であったり，あるいはポイント引当金計上額（費用）等，これまたまちまちであり，引き当てる額に関しても，売価ベース（付与ポイントの額面）で算定するのか原価ベース（次回以降給付する原価を基準として算出）で算定するのか等の議論もあったが，注解18の引当金であるという趣旨から，原価ベースで算出されなければ整合性が取れなかった。売価ベースは粗利益を含んでしまうからである。

　国際会計基準は平成19年にIFRIC13号「カスタマー・ロイヤリティ・プログラムの会計処理」の発表により，実現された販売分の対価と将来のポイント値引き分（負債）を別個のものであると認識し，初回販売対価を按分して経理処理する方法を基本方針とした。IFRIC13号は，平成26年に発表されIFRS15号「顧客との契約による収益」において同基準内に包括統合されたが，基本的な考え方に変更はない。今回，企業会計基準第29号「収益認識に関する会計基準」が制定されたが，日本基準の開発自体がIFRS15号の定めを基本的にすべて取り入れる方針（同29号97項）で制定されたため，企業ポイントの会計処理に関しても，国際会計基準に準じた処理方法になっている。

Ⅱ　自社発行企業ポイントの会計処理

　欧米のポイント制度に関しては，企業間の垣根を越えて利用できる共通ポイントはあまり存在せず，自社発行のポイントを自社で利用出来るというのが主流である。法人税法第22条第4項は収益の額に関しては，別段の定めがあるものを除き，一般に公正妥当と認められる会計処理の基準に従って計算されるものとされており，新設された法人税法第22条の2第4項でも，所得の金額の計算上益金の額に算入する金額は，その販売若しくは譲渡をした資産の引渡しの時における価額又はその提供をした役務につき通常得べき対価の額に相当する金額とされているので，新会計基準の適用指針を示す。新適用指針第30号には，特定の状況又は取引における取扱いとして，企業ポイントプログラムを「追加の財又はサービスを取得するオプションの付与」と規定している。

新適用指針第30号

48. 顧客との契約において，既存の契約に加えて追加の財又はサービスを取得するオプションを顧客に付与する場合には，当該オプションが当該契約を締結しなければ顧客が受け取れない重要な権利を顧客に提供す

るときにのみ，当該オプションから履行義務が生じる。この場合には，将来の財又はサービスが移転する時，あるいは当該オプションが消滅する時に収益を認識する。

　重要な権利を顧客に提供する場合とは，例えば，追加の財又はサービスを取得するオプションにより，顧客が属する地域や市場における通常の値引きの範囲を超える値引きを顧客に提供する場合をいう。

49. 顧客が追加の財又はサービスを取得するオプションが，当該財又はサービスの独立販売価格を反映する価格で取得するものである場合には，顧客に重要な権利を提供するものではない。この場合には，既存の契約の取引価格を追加の財又はサービスに対するオプションに配分せず，顧客が当該オプションを行使した時に，当該追加の財又はサービスについて，会計基準に従って収益を認識する。

50. 履行義務への取引価格の配分は，独立販売価格の比率で行うこととされており（基準29号66項），追加の財又はサービスを取得するオプションの独立販売価格を直接観察できない場合には，オプションの行使時に顧客が得られるであろう値引きについて，次の(1)及び(2)の要素を反映して，当該オプションの独立販売価格を見積る。

(1) 顧客がオプションを行使しなくても通常受けられる値引き
(2) オプションが行使される可能性

新適用指針第30号（設例22）　カスタマー・ロイヤルティ・プログラム

1 前提条件

(1) A社は，A社の商品を顧客が10円分購入するごとに1ポイントを顧客に付与するカスタマー・ロイヤルティ・プログラムを提供している。顧客は，ポイントを使用して，A社の商品を将来購入する際に1ポイント当たり1円の値引きを受けることができる。

(2) X1年度中に，顧客はA社の商品100,000円を現金で購入し，将来のA社の商品購入に利用できる10,000ポイント（＝100,000円÷10円×1ポイント）を獲得した。対価は固定であり，顧客が購入したA社の商品の独立販売価格は100,000円であった。

⑶ A社は商品の販売時点で，将来9,500ポイントが使用されると見込んだ。A社は，指針50項に従って，顧客により使用される可能性を考慮して，1ポイント当たりの独立販売価格を0.95円（合計額は9,500円（＝0.95円×10,000ポイント））と見積った。

⑷ 当該ポイントは，契約を締結しなければ顧客が受け取れない重要な権利を顧客に提供するものであるため，A社は，顧客へのポイントの付与により履行義務が生じると結論付けた（新適用指針48項参照）。

⑸ A社はX2年度末において，使用されるポイント総数の見積りを9,700ポイントに更新した。

⑹ 各年度に使用されたポイント，決算日までに使用されたポイント累計及び使用されると見込むポイント総数は次のとおりである。

	X1年度	X2年度
各年度に使用されたポイント	4,500	4,000
決算日までに使用されたポイント累計	4,500	8,500
使用されると見込むポイント総数	9,500	9,700

2 会計処理

1 商品の販売時

（単位：円）

（借）現金預金 100,000	（貸）売 上 高[*1] 91,324
	契約負債[*1] 8,676

（＊1） A社は，取引価格100,000円を商品とポイントに独立販売価格の比率で次のとおり配分する。

商品 91,324円＝100,000円×独立販売価格100,000円÷109,500円

ポイント 8,676円＝100,000円×独立販売価格9,500円÷109,500円

2 X1年度末

（単位：円）

（借）契約負債[*2] 4,110	（貸）売 上 高 4,110

（＊2） X1年度末までに使用されたポイント4,500ポイント÷使用されると見込むポイント総数9,500ポイント×8,676円＝4,110円

■新通達2 ポイント等を付与した場合 105

3 X2年度末

(単位：円)

(借)契約負債[*3] 3,493		(貸)売上高 3,493	

（＊3） （X2年度末までに使用されたポイント累計8,500ポイント÷使用されると見
込むポイント総数9,700ポイント×8,676円）－X1年度末に収益を認識した
4,110円＝3,493円

　設例は収益を請負工事における工事進行基準のように計算する。すなわち履
行済みのポイント累計を，使用されると見込まれるポイント総数で按分したも
のに契約負債を乗じて，履行済み契約負債を算出し，そこから過年度既計上済
み収益を差し引いて，当期の収益計上額を算出している。

Ⅲ　法人税基本通達2－1－1の7の取扱い（新設）

　新設された法人税基本通達2－1－1の7によると，「法人が資産の販売等
に伴いいわゆるポイント又はクーポンその他これらに類するもの（以下2－1
－1の7において「ポイント等」という。）で，将来の資産の販売等に際して，
相手方からの呈示があった場合には，その呈示のあった単位数等と交換に，そ
の将来の資産の販売等に係る資産又は役務について，値引きして，又は無償に
より，販売若しくは譲渡又は提供をすることとなるもの（当該法人以外の者が
運営するものを除く。以下2－1－1の7及び2－1－39の3において「自己
発行ポイント等」という。）を相手方に付与する場合（不特定多数の者に付与
する場合に限る。）において，次に掲げる要件の全てに該当するときは，継続
適用を条件として，当該自己発行ポイント等について当初の資産の販売等（以
下2－1－1の7において「当初資産の販売等」という。）とは別の取引に係
る収入の一部又は全部の前受けとすることができる。

(1)　その付与した自己発行ポイント等が当初資産の販売等の契約を締結しなけ
れば相手方が受け取れない重要な権利を与えるものであること。

(2)　その付与した自己発行ポイント等が発行年度ごとに区分して管理されてい
ること。

(3)　法人がその付与した自己発行ポイント等に関する権利につきその有効期限
を経過したこと，規約その他の契約で定める違反事項に相手方が抵触したこ
とその他の当該法人の責に帰さないやむを得ない事情があること以外の理由

106　第3章　収益認識基準の制定に伴う法人税基本通達の対応

により一方的に失わせることができないことが規約その他の契約において明らかにされていること。

(4) 次のいずれかの要件を満たすこと。

イ その付与した自己発行ポイント等の呈示があった場合に値引き等をする金額（以下2－1－1の7において「ポイント等相当額」という。）が明らかにされており，かつ，将来の資産の販売等に際して，たとえ1ポイント又は1枚のクーポンの呈示があっても値引き等をすることとされていること。

(注) 一定単位数等に達しないと値引き等の対象にならないもの，割引券（将来の資産の販売等の対価の額の一定割合を割り引くことを約する証票をいう。）及びいわゆるスタンプカードのようなものは上記イの要件を満たす自己発行ポイント等には該当しない。

ロ その付与した自己発行ポイント等が当該法人以外の者が運営するポイント等又は自ら運営する他の自己発行ポイント等で，イに該当するものと所定の交換比率により交換できることとされていること。

(注) 当該自己発行ポイント等の付与について別の取引に係る収入の一部又は全部の前受けとする場合には，当初資産の販売等に際して支払を受ける対価の額を，当初資産の販売等に係る引渡し時の価額等（その販売若しくは譲渡をした資産の引渡しの時における価額又はその提供をした役務につき通常得べき対価の額に相当する金額をいう。）と，当該自己発行ポイント等に係るポイント等相当額とに合理的に割り振る。」

とされており，会計基準の内容に沿った処理が示された。

新会計基準と通達の相違としては，(2)の発行年度ごとの区分要件，(3)の発行元の一方的な都合により消滅することがないように規約が定められていること，(4)の最小利用単位要件を充たすか，それを充たす他のポイントプログラムへの移行が定められていることが要件に追加されている。発行年度の区分要件は後述する一定の期間経過により，履行が無くても益金に計上する定めが存在するために必要な要件であり，規約が不明瞭あるいは一方的な消滅が可能なプログラムの場合でも収益の繰り延べが受けられるべきかという観点から規約の明示要件が，さらに最小利用単位の定めは，1ポイントから利用できるのであれば，付与後，すぐに利用可能であるが，かなり多くの単位を貯めないと利用出来ないプログラム（例，航空会社のマイル）等もあるところから，移行要件を追加して，1ポイントから利用可能な他のプログラムに移行可能であれば，通達の

■新通達2 ポイント等を付与した場合 107

定める取扱いを採用することが出来ることにしたものである。

　国税庁が公表した設例は，ポイントの貰い手側（買手側），消費税の取扱いも示した分かりやすいものなので，以下に示す。

自社ポイントの付与（論点：履行義務の識別）

　家電量販店を展開するB社はポイント制度を運営している。B社は，顧客の100円（税込）の購入につき10ポイントを付与する（ただし，ポイント使用部分についてはポイントは付与されない。）。顧客は，1ポイントを当該家電量販店グループの1円の商品と交換することができる。X1年度にB社は顧客に10,800円（税込）の商品を販売し，1,080ポイントを付与した（消化率100％と仮定）。B社は当該ポイントを顧客に付与する重要な権利と認識している。顧客は当初付与されたポイントについて認識しない。なお，消費税率8％とする。

●図表－1

（単位：円）

	会計	法人税の取扱い	消費税の取扱い
商品の売買時	**売手** 現金　　10,800　　売上※1　　9,025 契約負債※2　　975 仮受消費税　　800	同左	**売手** 課税売上げの対価　　10,000 課税売上げに係る消費税額　　800
	買手 仕入　　10,000　　現金　　10,800 仮払消費税　　800		**買手** 課税仕入れの対価　　10,000 課税仕入れに係る消費税額　　800
ポイント使用時	**売手** <small>（税込1,080円の商品売買時に1,080ポイントが使用された場合）</small> 契約負債　　975　　売上　　975	同左	**売手** 課税売上げの対価　　1,000 1,000×8％＝80　　　税額　　80 対価の返還等（ポイント分）　　△1,000 （1,080×100/108）×8％＝80　　△80 差引消費税額（80-80）　　0
	買手 <small>（税込1,080円の商品売買時に1,080ポイントを使用した場合）</small> （処理なし）※3		**買手** 課税仕入れの対価　　1,000 1,000×8％＝80　　　税額　　80 対価の返還等（ポイント分）　　△1,000 （1,080×100/108）×8％＝80　　△80 差引消費税額（80-80）　　0

※1　（商品）10,000×10,000／（10,000＋1,080）＝9,025円
※2　（ポイント）10,000×1,080／（10,000＋1,080）＝975円
※3　ポイント使用を仕入値引とする等の複数の処理がありうる

出典　国税庁 http://www.nta.go.jp/publication/pamph/hojin/kaisei_gaiyo
　　　2018/pdf/0605_B.pdf を加筆

　この設例からも，通達2－1－1の7に従った会計処理が，新会計基準と同

一であることが理解できる。

　消費税の設例も同時に掲載されているが，ポイントが付与される時期と利用される（発行企業にとっては消化される）時期が相違することも多く，法人税法の収益の金額と消費税法の課税売上高が異なることがあるなど，いかにしてミスを防ぐのかが課題となるであろう。

Ⅳ　企業ポイント失効時の会計処理（法基通２－１－39の３）

　企業が発行するポイントに関しては，通常は１年から３年位の有効期限が定められているものが多い。自動車販売会社（ディーラー）のポイントプログラムは車検期間（買換検討時期）に揃えていることが多く，５年の有効期限を持つものもある。有効期限の無い永久不滅を宣言しているプログラムも存在するが会計基準の制定により，ポイント履行の義務が，契約負債として繰り延べ収益と処理される以上，会計学上はともかく，税務上は一定の期間を経過すれば，収益として益金計上が要請されうるのは，現実的な措置である。

新適用指針第30号
顧客により行使されない権利（非行使部分）

52. 会計基準第78項に従って，将来において財又はサービスを移転する（あるいは移転するための準備を行う）履行義務については，顧客から支払を受けた時に，支払を受けた金額で契約負債を認識する。財又はサービスを移転し，履行義務を充足した時に，当該契約負債の消滅を認識し，収益を認識する。

53. 顧客から企業に返金が不要な前払いがなされた場合，将来において企業から財又はサービスを受け取る権利が顧客に付与され，企業は当該財又はサービスを移転するための準備を行う義務を負うが，顧客は当該権利のすべては行使しない場合がある。本適用指針においては，顧客により行使されない権利を「非行使部分」という。

54. 契約負債における非行使部分について，企業が将来において権利を得ると見込む場合には，当該非行使部分の金額について，顧客による権利行使のパターンと比例的に収益を認識する。

　契約負債における非行使部分について，企業が将来において権利を得

■新通達２　ポイント等を付与した場合　109

ると見込まない場合には，当該非行使部分の金額について，顧客が残り
の権利を行使する可能性が極めて低くなった時に収益を認識する。
55．契約負債における非行使部分について，企業が将来において権利を
得ると見込むかどうかを判定するにあたっては，会計基準第54項及び第
55項の定めを考慮する。
56．顧客により行使されていない権利に係る顧客から受け取った対価に
ついて，法律により他の当事者への支払が要求される場合には，収益で
はなく負債を認識する。

　指針は，失効する確率が高いと見込まれる契約負債に関して，過去の実績等
を参考にして，収益として計上していくことを要請している。法人税基本通達
２－１－39の３（自己発行ポイント等の付与に係る収益の帰属の時期）はこの
指針を元に定められた。

（自己発行ポイント等の付与に係る収益の帰属の時期）
２－１－39の３　法人が２－１－１の７の取扱いを適用する場合には，前
受けとした額は，将来の資産の販売等に際して値引き等（自己発行ポイ
ント等に係る将来の資産の販売等を他の者が行うこととなっている場合
における当該自己発行ポイント等と引換えにする金銭の支払を含む。以
下２－１－39の３において同じ。）をするに応じて，その失効をすると
見積もられる自己発行ポイント等も勘案して，その値引き等をする日の
属する事業年度の益金の額に算入するのであるが，その自己発行ポイン
ト等の付与の日（適格組織再編成により当該自己発行ポイント等に係る
契約の移転を受けたものである場合にあっては，当該移転をした法人が
当該自己発行ポイント等を付与した日）から10年が経過した日（同日前
に次に掲げる事実が生じた場合には，当該事実が生じた日）の属する事
業年度終了の時において行使されずに未計上となっている自己発行ポイ
ント等がある場合には，当該自己発行ポイント等に係る前受けの額を当
該事業年度の益金の額に算入する。
⑴　法人が付与した自己発行ポイント等をその付与に係る事業年度ごと
に区分して管理しないこと又は管理しなくなったこと。
⑵　その自己発行ポイント等の有効期限が到来すること。

110　第３章　収益認識基準の制定に伴う法人税基本通達の対応

(3) 法人が継続して収益計上を行うこととしている基準に達したこと。

(注)1　本文の失効をすると見積もられる自己発行ポイント等の勘案を行う場合には，過去における失効の実績を基礎とする等，合理的な方法により見積もられたものであること及びその算定の根拠となる書類が保存されていることを要する。

2　例えば，付与日から一定年数が経過したこと，自己発行ポイント等の付与総数に占める未行使の数の割合が一定割合になったことその他の合理的に定められた基準のうち法人が予め定めたもの（会計処理方針その他のものによって明らかとなっているものに限る。）が上記(3)の基準に該当する。

法人税法では通達により，発行から10年を期限として益金に計上すべしと取り扱われている。民法上の時効に合わせているので，特段な違和感は抱かないが，永久不滅ポイントの場合には，会計学上では負債計上のままであるので，別表で調整されることになるであろう。企業ポイントの失効に関する税務の取扱いは商品券の処理に準じて行われる。先の設例に失効要件を加味する。

設例　ポイントの失効（論点：非行使部分）

　家電量販店を展開するB社はポイント制度を運営している。B社は，顧客の100円（税込）の購入につき10ポイントを付与する（ただし，ポイント使用部分についてはポイントが付与されない。）。顧客は，1ポイントを当該家電量販店グループの1円の商品と交換することができる。X1年度にB社は顧客に10,800円（税込）の商品を販売し，1,080ポイントを付与した。過去の経験から残り有効期限が1年未満となったポイントは，残額の40％が期限満了により失効すると見込まれている。X2年度末に80％が利用されたが，X3年目には利用が無く有効期限満了によりポイントは失効した。B社は当該ポイントを顧客に付与する重要な権利と認識している。顧客は当初付与されたポイントについて認識しない。なお，消費税率8％とする。

■新通達2　ポイント等を付与した場合　111

●図表－2　失効を加えた設例

(単位：円)

<table>
<tr><th colspan="3">会計</th><th>法人税の取扱い</th><th colspan="3">消費税の取扱い</th></tr>
<tr>
<td rowspan="4">商品の売買時</td>
<td colspan="2">売手
　現金　　10,800｜売上※1　　　9,025
　　　　　　　　　契約負債※2　　975
　　　　　　　　　仮受消費税　　800</td>
<td rowspan="8">同左</td>
<td colspan="3">売手
課税売上げの対価　　　　　　　10,000
課税売上げに係る消費税額　　　　800</td>
</tr>
<tr>
<td colspan="2">買手
　仕入　　10,000｜現金　　　10,800
　仮払消費税　800｜</td>
<td colspan="3">買手
課税仕入れの対価　　　　　　　10,000
課税仕入れに係る消費税額　　　　800</td>
</tr>
<tr>
<td rowspan="4">ポイント使用時</td>
<td colspan="2">売手
(税込864円の商品売買時に864ポイントが使用された場合)
　契約負債　858｜売上　※3　　780
　　　　　　　　｜雑収入　※4　　78</td>
<td colspan="3">売手
課税売上げの対価　　　　　　　　800
800×8％＝64　　　　　　税額　64
対価の返還等（ポイント分）　　△800
(864×100/108)×8％＝64　　△64
差引消費税額(64-64)　　　　　　　0</td>
</tr>
<tr>
<td colspan="2">買手
(税込864円の商品売買時に864ポイントを使用した場合)

　　　（処理なし)※5</td>
<td colspan="3">買手
課税仕入れの対価　　　　　　　　800
800×8％＝64　　　　　　税額　64
対価の返還等（ポイント分）　　△800
(864×100/108)×8％＝64　　△64
差引消費税額(64-64)　　　　　　　0</td>
</tr>
<tr>
<td rowspan="2">ポイント失効時</td>
<td colspan="2">売手
　契約負債　117｜雑収入　※6　　117</td>
<td colspan="3">売手

　　　（処理なし）</td>
</tr>
<tr>
<td colspan="2">買手

　　　（処理なし）</td>
<td colspan="3">買手

　　　（処理なし）</td>
</tr>
</table>

※1　(商品) 10,000×10,000／(10,000＋1,080)＝9,025円
※2　(ポイント) 10,000×1,080／(10,000＋1,080)＝975円
※3　(商品) 975×864/1080＝780円
※4　(非行使部分) 975-780＝195円
　　(収益計上額) 195×40％＝78円
※5　ポイント使用を仕入値引とする等の複数の処理がありうる
※6　残額

出典　国税庁 http://www.nta.go.jp/publication/pamph/hojin/kaisei_gaiyo
　　　2018/pdf/0605_B.pdf を加筆

Ⅴ　無償発行のポイントプログラムの会計処理

　収益認識に関する会計基準と改正法人税基本通達の両者とも，企業収益に関して取扱いを定めたものであるので，無償発行のポイントは，収益に関する会計基準の対象とはされていないので，異なる会計処理となる。

　企業が販売促進，あるいは新規加入者の獲得のために，入会キャンペーンや来店キャンペーン等を行うことがあるが，このような経済事象で付与することになったポイントは，無償発行であり，付与時には顧客収益とは結びついていない。これらのポイントは，自社発行の自社利用であれば，義務の履行時（商

112　第3章　収益認識基準の制定に伴う法人税基本通達の対応

品・サービスの販売提供時）に収益の減少（売上値引）として処理される。割引券・値引券の配布と変わらないからである。

　自社発行ポイントの他社利用の場合には，注意する必要がある。他社で利用できるポイントを無償発行する場合，例えばEコマース等のショッピングモールサイトのキャンペーンで貰える期間限定ポイントはサイトのモール運営者（例，楽天，Yahoo）が付与するものであるが，その使用先はモール内に出店している店舗であって，モール運営者では無い。

　付与する側の運営者側では，自社で利用する訳では無いので，収益の減少とする要素は無く，売上値引処理は出来ない。よって販促費処理となる。

まとめ

　企業ポイントプログラムの源流となったのは，グリーンスタンプ社のスタンプサービスであるとも言われており，昭和33年の開始から今年で60年になる。ポイントプログラムは多種多様であり，とても一括りにすることは出来ない。そのため会計処理に関しても様々な処理が採用されていた。今次，収益認識に関する会計基準が制定されたことにより，顧客契約と結びついて付与されるポイントが，次回以降への収益の繰延であることが明確化された。これによりポイント負債となる契約履行義務も，収益である売価を基礎として算出されることが明確となった。従来の引当金処理の場合，原価を基礎としていたので，確定債務ともならず，別表調整を余儀なくされていたが，失効確率の算定等の見積りを含むとしても，客観性を保持しながら識別していくことが出来るようになった。

　日本では各携帯電話会社のポイントを始め，企業間共通利用ポイントが多数存在している。発行会社以外の企業間共通ポイントの利用に関しても，発行時（付与時）に売価で契約負債を認識，ポイントサービス代行会社（例，T−POINT等）に対する支払金額が確定した時点で交換対価によって契約義務の消滅，差額が発生すれば損益に計上する。会計基準の制定によりこれら一連の処理が明確となり，比較可能性の向上にも寄与するであろう。会計基準の足を引っ張ることなく速やかに法人税法の整備に到ったこと，意義多き改正である。

新通達2　ポイント等を付与した場合　113

ポイント

① 販売や役務の提供に伴い，自己発行ポイント等を相手方に付与する場合において税務上の要件を満たす場合には，ポイント等の提供分を当初の販売や役務の提供とは別個の取引として，将来の収入の前受けとすることができる。

② 自己発行ポイント等を前受けとする場合には，当初の販売や役務提供に際して受領した対価の額を，商品等の引渡し価額と，自己発行ポイント等の相当額とに合理的に配分する。

③ 前受けとした自己発行ポイント等については，原則としてその使用に応じて益金に算入する。

④ 一定期間経過後の未使用部分については，商品引換券等と同様に，益金に算入する。

［小野木 賢司］

新通達3
利息相当部分

　収益認識に関する新会計基準の56項から58項において「契約における重要な金融要素」について定められた。新会計基準は収益を認識するための5つのステップの一つとして，17項(3)において，「変動対価又は現金以外の対価の存在を考慮し，金利相当分の影響及び顧客に支払われる対価について調整を行い，取引価格を算定する」としている。つまり，取引価格の算定にあたり，金利相当分の影響を考慮することとし，それを「契約における重要な金融要素」として，その影響を考慮するものとされ，56項から58項では，その基準について定められている。

　資産の販売等に係る契約で，その引き渡しの時期と対価の支払時期に，後払い又は前払いによって相当なずれがある場合，信用供与によって資金についての重要な便益が含まれる場合がある。新会計基準は，この信用供与に係る利益を重要な金融要素としてとらえ，商品の取引価格の算定に含まれる金利相当部分を調整するとしている。貨幣の時間価値を考える，ということである。

　例えば，商品の引渡しは当期に行われるが，その対価の支払いは3年後に行われる，という場合には，その対価には，3年分の金利相当分が含まれている場合がある，と考える。そして，金利相当部分が含まれているとするならば，商品引渡時に収益を全額計上するのではなく，割引計算を行う。まず，商品引渡時には利息を差し引いた金額で収益を計上し，その後3年にわたって金利分の収益を計上していく，という考え方である。

　従来の日本基準又は日本基準における実務では，この点について，一般的な定めは設けられていなかった。新しく追加された要素である

■新通達3　利息相当部分　115

Ⅰ 契約における重要な金融要素に関する会計基準

> 収益認識に関する会計基準
> （契約における重要な金融要素）
> 56. 契約の当事者が明示的又は黙示的に合意した支払時期により，財又はサービスの顧客への移転に係る信用供与についての重要な便益が顧客又は企業に提供される場合には，顧客との契約は重要な金融要素を含むものとする。
> 57. 顧客との契約に重要な金融要素が含まれる場合，取引価格の算定にあたっては，約束した対価の額に含まれる金利相当分の影響を調整する。収益は，約束した財又はサービスが顧客に移転した時点で（又は移転するにつれて），当該財又はサービスに対して顧客が支払うと見込まれる現金販売価格を反映する金額で認識する。
> 58. 契約における取引開始日において，約束した財又はサービスを顧客に移転する時点と顧客が支払を行う時点の間が1年以内であると見込まれる場合には，重要な金融要素の影響について約束した対価の額を調整しないことができる。

 この基準に従った仕訳例

・商品の販売契約
・商品の引き渡し時期は，契約締結と同時
・顧客は契約から2年後に対価2,000千円を支払う
・対価の調整として用いる金利は1％とする
・消費税については考慮しない

商品引渡時	売掛金	1,960	売上	1,960
1年後	売掛金	20	受取利息	20
2年後	売掛金	20	受取利息	20
対価受領時	現金	2,000	売掛金	2,000

このように，資産の販売等に係る契約に金融要素が含まれる場合は，契約金

額に金利が含まれると考え，商品引渡時に対価全額の2,000千円の収益を計上するのではなく，一定の利率を用いて割引き計算を行い，収益を計上する。その後，金利部分を期間の経過と共に認識し，対価の受領時に精算する。

　ただし，58項に定められているように，契約開始時において，企業が約束した財又はサービスを顧客に移転する時点と顧客が当該財又はサービスに対して支払を行う時点との間の期間が１年以内となると見込まれる場合は，重要な金融要素の影響についての調整は任意となり，調整を行う必要はなくなる。

Ⅱ　調整計算が必要な場合及び用いるべき割引率

　契約に重要な金融要素が含まれる場合には前述のような調整計算が求められることとなる。具体的にどのような場合に調整計算が必要となるかについては，会計基準の適用指針において示されている。

収益認識に関する会計基準の適用指針

(2)　契約における重要な金融要素

27．会計基準第56項に従って，金融要素が契約に含まれるかどうか及び金融要素が契約にとって重要であるかどうかを判断するにあたっては，次の(1)及び(2)を含む，関連するすべての事実及び状況を考慮する。

(1)　約束した対価の額と財又はサービスの現金販売価格との差額（第28項(3)参照）

(2)　約束した財又はサービスを顧客に移転する時点と顧客が支払を行う時点との間の予想される期間の長さ及び関連する市場金利の金融要素に対する影響

28．前項の判断にかかわらず，次の(1)から(3)のいずれかに該当する場合には，顧客との契約は重要な金融要素を含まないものとする。

(1)　顧客が財又はサービスに対して前払いを行い，顧客の裁量により当該財又はサービスの顧客への移転の時期が決まること

(2)　対価が売上高に基づくロイヤルティである場合等，顧客が約束した対価のうち相当の金額に変動性があり，当該対価の金額又は時期が，顧客又は企業の支配が実質的に及ばない将来の事象が発生すること又は発生しないことに基づき変動すること

(3)　約束した対価の額と財又はサービスの現金販売価格との差額（前項

■新通達３　利息相当部分　117

> （1)参照）が，顧客又は企業に対する信用供与以外の理由（例えば，顧客又は企業が契約上の義務の一部又は全部を適切に完了できないことに対する保全を支払条件により契約の相手方に提供する場合）で生じており，当該差額がその理由に基づく金額となっていること
>
> 29．会計基準第57項に従って，重要な金融要素の影響について約束した対価の額を調整するにあたっては，契約における取引開始日において企業と顧客との間で独立した金融取引を行う場合に適用されると見積られる割引率を使用する。契約における取引開始日後は，金利の変動や顧客の信用リスクの評価の変動等について割引率を見直さない。
>
> 　当該割引率は，約束した対価の現在価値が，財又はサービスが顧客に移転される時の現金販売価格と等しくなるような利率である。

新適用指針の27項は考慮すべき事項として下記2点をあげている。

① 契約した対価の額とその時点での現金販売価格との差額
② 財やサービスの移転時点と支払い時点までの期間の長さ及び金利の影響

これらの二点を含め関連するすべての事実及び状況を総合的に考慮して，重要な金融要素が含まれているかどうかを判断する，ということとされている。契約した対価の額が現金販売価格と差額があるのか，金利の影響を受けたものであるのかを中心に判断をする，ということである。

また，この判断は契約単位ごとに行う。そのため，各契約における金融要素の影響が重要性に重要性が乏しい場合には，仮にその影響を集計すると重要性をもつことになるとしても，対価の額の調整は行わない。

この点については適用指針の結論の背景の128項でも「128．金融要素が重要かどうかの判断は，契約単位で行う（27項参照）。そのため，金融要素の影響が個々の契約単位で重要性に乏しい場合には，当該影響を集計した場合に重要性があるとしても，金融要素の影響について約束した対価の額を調整しない」と確認されている。

新適用指針28項では，その取引に金融要素が含まれないと考える場合を示している。まず，顧客の裁量によって財やサービスの移転時期が決まる場合や，対価に変動性があり，顧客等の支配外の事象によって変動する場合，がそれぞれ除外されている。これはギフトカードやカスタマーロイヤルティプログラム

等が例としてあげられる。こういったケースでは，支払条件が金融要素とは無関係であるため除外されると考えられる。

そして，約束した対価の額と財又はサービスの現金販売価格との差額が，顧客又は企業に対する信用供与以外の理由である場合も除外するとされている。これは，例えば支払いを留保し，契約が契約通りに完了した場合や特定の指標等を達成した場合に支払われる，というような場合には，その支払い条件が金融要素を含むものではないからである。

この点については，適用指針の結論の背景の127項で「127.顧客又は企業が契約上の義務の一部又は全部を適切に完了できないことに対する保全を支払条件により契約の相手方に提供する場合（28項(3)参照）とは，例えば，契約の完了時又は所定の目標の達成時にのみ支払われる対価の一部を顧客が留保する場合や，限定的な財又はサービスの将来における提供を確保するために顧客が対価の一部を前払いすることを要求される場合である。このような支払条件の主な目的は，顧客又は企業にそれぞれ信用供与の便益を提供することではなく，各当事者に財又はサービスの価値を保証することである場合がある」としている。

新適用指針29項では適用されるべき利率を示している。顧客との間で財又はサービスの提供を伴わずに独立したファイナンス取引を行っていた場合に用いられたであろう割引率を適用することとなる。具体的には，約束した対価を割り引き計算した場合に，現金販売価格と等しくなる利率を契約時に計算し，その利率を対価の額の調整に用いることとなる。そのため，市場金利の変動等があったとしても，適用利率の見直しは行わない。

Ⅲ 法人税基本通達２－１－１の８，２－１－24の新設

収益認識に関する会計基準において「契約における重要な金融要素」についての取扱いが新たに定められたことにより，法人税基本通達においても，２－１－１の８（資産の販売等に係る収益の額に含めないことができる利息相当部分）が新設された。

■新通達3　利息相当部分　119

法人税基本通達

（資産の販売等に係る収益の額に含めないことができる利息相当部分）

2－1－1の8（新設） 法人が資産の販売等を行った場合において，次の(1)に掲げる額及び次の(2)に掲げる事実並びにその他のこれらに関連する全ての事実及び状況を総合的に勘案して，当該資産の販売等に係る契約に金銭の貸付けに準じた取引が含まれていると認められるときは，継続適用を条件として，当該取引に係る利息相当額を当該資産の販売等に係る収益の額に含めないことができる。

(1) 資産の販売等に係る契約の対価の額と現金販売価格（資産の販売等と同時にその対価の全額の支払を受ける場合の価格をいう。）との差額

(2) 資産の販売等に係る目的物の引渡し又は役務の提供をしてから相手方が当該資産の販売等に係る対価の支払を行うまでの予想される期間及び市場金利の影響

コメント

　基本的に新会計基準の取扱いをそのまま引き継いだものとなっており，契約した対価の額と，その時点での現金販売価格との差額を利息相当額とし，販売時の収益の額に含めないことができる，としている。

　どういった場合に取引に重要な金融要素が含まれていると考えるか，の判断基準についても新会計基準を踏襲している。そのため，既に確認した収益認識に関する会計基準の適用指針で取引に重要な金融要素が含まれず，適用を除外するとされるような取引は同様に適用を除外することとなる。

　利息相当分の計上時期については，基本通達2－1－24（貸付金利子等の帰属の時期）の取扱いによる，とされている。

（貸付金利子等の帰属の時期）

2－1－24　貸付金，預金，貯金又は有価証券（以下2－1－24において「貸付金等」という。）から生ずる利子の額は，その利子の計算期間の経過に応じ当該事業年度に係る金額を当該事業年度の益金の額に算入する。ただし，主として金融及び保険業を営む法人以外の法人が，その有する貸付金等（当該法人が金融及び保険業を兼業する場合には，当該金融及

び保険業に係るものを除く。）から生ずる利子でその支払期日が１年以内の一定の期間ごとに到来するものの額につき，継続してその支払期日の属する事業年度の益金の額に算入している場合には，これを認める。
（注）

1　……
2　資産の販売等に伴い発生する売上債権（受取手形を含む。）又はその他の金銭債権について，その現在価値と当該債権に含まれる金利要素とを区分経理している場合の当該金利要素に相当する部分の金額は，２－１－１の８又は２－１－１の９の取扱いを適用する場合を除き，当該債権の発生の基となる資産の販売等に係る売上の額等に含まれることに留意する。

コメント

　２－１－24は従来からある通達であるが，今回の通達改正によって，（注）２の下線部が追加された。利子の額の益金算入は原則その利子の計算期間の経過に応じるとされている。しかし，売上債権等に含まれる金利部分については，これまでの取扱いでは（注）２において，区分経理していたとしても，当該金利部分についてはその発生の基となる売上の額等に含まれる，とされていた。

　今回の改正において下線部が追加されたことにより，２－１－１の８の適用を受ける場合，つまり「契約における重要な金融要素」について，金利相当部分を区分経理する場合には，原則通り，その利子の計算期間の経過に応じて益金の額に算入することとされた。

　これらの通達による取扱いの例を示すと**図表－１**のようになる。

　仕訳例からもわかるように，今回示された会計基準による会計処理と，法人税の取扱いは全く同じとなる。法人税の取扱いは，商品引渡時，１年後そして２年後すべて会計と同じく同左とされている。そのため，特段別表調整等は想定されない。ただし，注意しなければならないのは，消費税の取扱いである。

　国税庁の見解によると，利息相当分を区分経理したとしても，資産の譲渡の対価は上記の例では，2,160千円であり，商品引渡時に課税売上2,160千円を認識することとなる。そのため，まず商品引渡時に認識する売掛金額を，$2,160 \div (1+0.01)^2 = 2,117$，このような割引計算で求めた上で，商品引渡時に認識する仮受消費税額160を差し引きした金額（$2,117-160=1,957$）千円が商

■新通達3　利息相当部分　121

●図表　ケース2　契約における重要な金融要素

企業は顧客Aとの間で商品の販売契約を締結し、契約締結と同時に商品を引渡した。顧客は契約から2年後に税込対価2,160千円を支払う。契約上、利子を付すこととはされていないが、信用供与についての重要な便益が顧客に提供されると認められる。対価の調整として用いる金利は1％とする。なお、消費税率8％とする。

(単位：千円)

	会計			法人税の取扱い	消費税の取扱い	
商品引渡時	**売手**				**売手**	
	売掛金※1	2,117	売上 1,957		課税売上げの対価	2,000
			仮受消費税 160		課税売上げに係る消費税額	160
	買手				**買手**	
	仕入	2,000	買掛金 2,160		課税仕入れの対価	2,000
	仮払消費税	160			課税仕入れに係る消費税額	160
1年後	**売手**			同左	(処理なし)	
	売掛金	21	受取利息※2 21			
	買手					
	(処理なし)					
2年後	**売手（2年後　対価受領時）**				(処理なし)	
	売掛金	22	受取利息※3 22			
	現金	2,160	売掛金 2,160			
	買手					
	買掛金	2,160	現金 2,160			

※1　2,160÷(1+0.01)² =2,117
※2　2,117×0.01=21
※3　2,160−(2,117+21)=22

国税庁HP　収益認識基準による場合の取扱いの例　ケース2

品引渡時の売上となる。

　また、期間の経過と共に利息相当分を認識し益金算入することとなる。その際にも会計上の仕訳と法人税上の仕訳に差異はない。しかし、その際に受取利息等の勘定科目を用いたとしても、消費税上は商品引渡時に既に契約による対価総額分の2,160千円の課税売上を認識しており、非課税売上を利息分計上する、ということはない。商品引渡時だけではなく、その後の仕訳にも注意が必要といえる。

　ただし、通達の取扱いと新会計基準の取扱いについては、基本的にずれはない。契約に重要な金融要素が含まれるかの判断も含めて基本的には新会計基準にそった取扱いを行う必要がある、ということである。

ポイント

① 契約に重要な金融要素が含まれる場合には，金利相当分の影響を調整する。収益は，約束した財又はサービスが顧客に移転した時点で，当該財又はサービスに対して顧客が支払うと見込まれる現金販売価格を反映する金額で認識する。

② 契約した対価の額とその時点での現金販売価格との差額，財やサービスの移転時点と支払い時点までの期間の長さ及び金利の影響，その他総合的に考慮して，重要な金融要素が含まれているかどうかを判断する。

③ 取引に重要な金融要素が含まれているかどうかの判断は契約単位で行う。

④ 市場金利や顧客の信用リスクに変化があったとしても割引率の見直しは行わない。

⑤ 収益の認識時期については調整をするが，消費税の課税売上は商品引渡時に全額計上する。

［髙木　良昌］

新通達 4
資産の引渡時の価額

　本稿では，会計実務における指針となっている法人税基本通達のうち，新会計基準の収益認識のステップ3「取引価格の算定」における法人税法上の資産の引渡時の価額について，改正通達の取扱いを確認していく。

I　新会計基準における収益認識と法人税法における収益の額の認識

　新会計基準では，資産の販売による収益の額は，取引価格，すなわち商品等又はサービスの顧客への移転と交換に企業が権利を得ると見込む対価の額で認識することとされた（金融商品会計基準やリース会計基準等，既存の会計基準が存在する取引については対象外）。

　収益を認識するための5つのステップとして，①契約の識別，②履行義務の識別，③取引価格の算定，④取引価格の配分，⑤履行義務の充足とされている。この5つのステップを適用した収益認識を具体的に示したものが**図表-1**である。

　収益認識の5つのステップのうち，ステップ3の取引価格の算定について，新会計基準は，リベート，値引き，割戻し，回収不能，返品など，取引の対価に変動性のある金額が含まれる場合には，その変動部分の金額を見積り，その部分を控除して収益を認識することとされた。

　しかし，法人税法では，無償譲渡の場合との間の公平性の観点などから，資産の譲渡による収益の額は，譲渡時における譲渡資産の適正な価額に相当する収益であると認識するとの考え方を採用しているため，回収不能及び返品は，譲渡資産の時価とは関係のない要素である。そのため30年度改正では，資産の譲渡による収益の額は，譲渡資産の時価であることを法令上明確化し，回収不能や返品の可能性を反映させない点も明確にしている。このことは，会計と税務のズレとして発生するため，経理処理面と税務処理面において対応が必要で

124　第3章　収益認識基準の制定に伴う法人税基本通達の対応

● 図表－1　5ステップの適用例

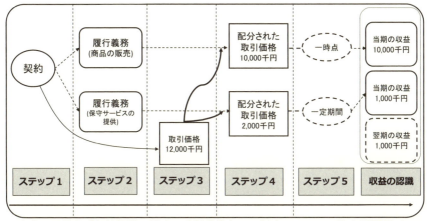

出典：国税庁「収益認識に関する会計基準」への対応について～法人税関係（2018.5）6頁

ある。

　経理処理面では，会計上認識する収益には，貸倒れや返品の金額も織り込んだ売上高になるため，純額で計上されることになる。ただ，税務上は貸倒れや返品は控除しない金額の売上高で収益を認識するため，一旦は総額で処理し，決算時に純額で処理するようにしておけば，決算時に申告調整すべき金額を把握することができる。

　税務処理面では，上記処理によって生じる貸倒れや返品などの金額について，申告加算が必要になる（30年度改正新法令18－2④）。

II　新会計基準における法人税基本通達の対応

　新会計基準の収益認識のステップのうち，ステップ5の履行義務の充足によって収益を認識する考え方は，法人税法上の実現主義や権利確定主義の考え方と乖離をきたすものではないため，改正通達は，原則として新会計基準の考え方を取り込んでいくとしている。

ただし，新会計基準において，過度に保守的な会計処理や，恣意的な見積もりが可能な会計処理については，公平な所得計算の観点から問題があるため，税法独自の取扱いを示している。

　新たな収益認識のステップ３では，収益として認識される金額の基礎となる取引価格の決定に当たり，顧客と約束した対価のうち，変動する可能性のある部分が含まれる場合には，財又はサービスの顧客への移転と交換に企業が権利を得ることとなる対価の額を見積り，そのうち収益の著しい減額が発生しない可能性が非常に高い部分に限り，取引価格に含めることとされている。実際に取引価格を算定する際は，次の①〜④の全ての影響を考慮する必要がある。

①　変動対価
②　契約における重要な金融要素
③　現金以外の対価
④　相手方に支払われる対価

　このうち，①の変動対価については，見積額を取引価格に反映させることになるため，見積り方法や，見積りのプロセスを構築しなければならない。すなわち，重大な戻入が生じない可能性についての客観的な判断要素となるものが必要になる。この点について改正通達では，要件を提示しており，そのすべてを満たす場合に限り，引渡時の価額等の算定に反映することを認めるとしている（**法基通２−１−１の11**）。

　なお，中小企業については，引き続き従前の企業会計原則等に則した会計処理が認められるため，従前の取扱いによることも可能である。

Ⅲ　資産の引渡時の価額等の通則

1　取引価格（法基通２−１−１の10）

　新たな収益認識のステップ３にいう「取引価格」とは，財又はサービスの顧客への移転と交換に企業が権利を得ると見込む対価の額である（**新会計基準47項**）。

　実際に取引価格を算定する際は，①変動対価，②契約における重要な金融要素，③現金以外の対価，④相手方に支払われる対価の全ての影響が考慮される（**新会計基準48項**）。

　特に①の変動対価については，新会計基準の考え方によれば，取引の実態を

126　第３章　収益認識基準の制定に伴う法人税基本通達の対応

より正確に表すために，見積りや独自の判断要素が取り入れられることになる。つまり，会計上認識される収益の額は，引渡時の時価を反映しているわけではなく，あくまで取引の実態を反映した収益の額となる。

しかし，法人税法上，無償取引については時価で取引を行ったものとして課税されるのが原則であることとの公平性の観点等により，資産の譲渡による収益の額は，譲渡時における譲渡資産の適正な価額に相当する収益があると認識するとの考え方を採用しており，このことは，法人税法22条2項等の解釈として判例法上も定着している。ここで，新会計基準の収益の額と法人税法上の収益の額に差異が生じる。

そこで法人税基本通達の対応は，資産の引渡しの時の価額等の通則（**法基通2－1－1の10**）を新設し，以下の取扱いを示している。

> 販売若しくは譲渡をした資産の引渡しの時における価額又はその提供をした役務につき通常得べき対価の額に相当する金額とは，原則として資産の販売等につき第三者間で取引されたとした場合に通常付される価額をいう。

30年度改正において，資産の販売等に係る収益の額として益金の額に算入する金額は，その販売等をした資産の引渡しの時における価額又はその提供をした役務につき通常得べき対価の額とされた。すなわち，譲渡資産（役務）の時価により税務上の収益を計上するということである。

税務上の時価については，一般的には第三者間で取引されたとした場合に通常付される価額とされており，引渡時の価額や通常得べき対価の額に相当する金額についても同様であることを明確化している。

2 変動対価（法基通2－1－1の11）

変動対価とは，顧客と約束した対価のうち，値引きやリベート等変動する可能性のある部分に係る対価のことである（**新会計基準50項**）。変動対価が含まれる取引の例として，値引き，リベート，返金，インセンティブ，業績に基づく割増金，ペナルティー等の形態により対価の額が変動する場合や，返品権付きの販売等がある（**新適用指針23項**）とされており，その定義は広範である。また，変動対価は契約条件に示される場合もあれば，企業の取引慣行や，公表

●図表-2　仕訳例とイメージ

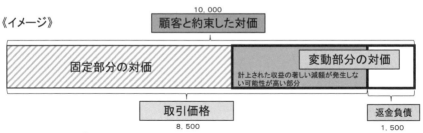

出典：国税庁「収益認識に関する会計基準」への対応について～法人税関係～（2018.5）24頁

している方針などによって契約の価格よりも引き下げられることを顧客が期待している場合や，企業が顧客との契約締結時点に価格を引き下げる意図を有している場合などにも存在する（**新適用指針24項**）。ここに収益の額の算定方法が会計と税法で異なることがわかる。

新会計基準では，顧客と約束した対価に変動対価が含まれる場合，財又はサービスの顧客への移転と交換に企業が権利を得ることとなる対価の額を見積ることになる。見積られた変動対価の額については，変動対価の額に関する不確実性が事後的に解消される際に，解消される時点までに計上された収益の著しい減額が発生しない可能性が非常に高い部分に限り，取引価格に含めることとしている（**新会計基準54項**）。

国税庁が公表している取引例には，企業が行った販売契約において，売上に対して予めリベート15％を支払う条件が付いているケースを例示している。これまでの会計基準では，契約段階でリベート部分も含めた総額の売上を計上し，実際に契約が履行され，リベートを相手先に支払った時点で手数料処理していた企業がほとんどであろう。

新会計基準では，返品されないことが見込まれる製品及び商品に係る対価の額で収益を認識するため，返品が見込まれるものについては収益を認識しないことになる。その代わりに，返品されることが見込まれる製品及び商品については，その金額を「返金負債」として認識する。この「返金負債」の決済時に

顧客から回収する権利については「資産」を認識することになる。

　しかし，この基準は，見積りの要素や事実認定の要素があまりにも多く，売上高計上額の根拠が企業間によって異なるため，不透明であることは否めない。公平な課税を実現するためには，変動対価がどのような根拠に基づいて算定され，取引価格に反映されているのかを明確に示すことができる場合に限り，資産の取引時の価額に反映させることができるとする取扱いにしなければならない。

　そこで法人税基本通達の対応は，以下のとおり変動対価（**法基通２－１－１の11**）を新設し，(1)～(3)に掲げる要件のすべてを満たす場合に限り，引渡し時の価額等の算定に反映することができるとしている。

　資産の販売等に係る契約の対価について，値引き等の事実により変動する可能性がある部分の金額がある場合において，次に掲げる要件の全てを満たすときは，変動対価につき引渡し等事業年度の確定した決算において収益の額を減額し，又は増額して経理した金額は，引渡し等事業年度の引渡し時の価額等の算定に反映するものとする。

(1)　値引き等の事実の内容及び当該値引き等の事実が生ずることにより契約の対価の額から減額若しくは増額をする可能性のある金額又はその金額の算定基準が客観的であり，当該契約若しくは法人の取引慣行若しくは公表した方針等により相手方に明らかにされていること又は当該事業年度終了の日において内部的に決定されていること。

(2)　過去における実績を基礎とする等合理的な方法のうち法人が継続して適用している方法により(1)の減額若しくは増額をする可能性又は算定基準の基礎数値が見積もられ，その見積りに基づき収益の額を減額し，又は増額することとなる変動対価が算定されていること。

(3)　(1)を明らかにする書類及び(2)の算定の根拠となる書類が保存されていること。

---

　(1)は，商取引慣行や，公表された方針が相手方に明らかにされている場合や，会社内部で決定事項とされている場合には，そこに恣意性が介入する余地はほとんどないであろうとの認識のもとに，変動対価を取引価格に反映させることを認める取扱いである。

■新通達４　資産の引渡時の価額　129

(2)は，実績を基礎に合理的な方法によって継続して適用している方法によって変動対価を見積り，その見積りに基づいて変動対価を算定している場合には，見積りの裏付けとなる根拠資料があるため，理論的な証明が可能となる。

変動対価の見積りにあたっては，収益認識に関する新会計基準51項により，①最頻値法（起こりうると考えられる最も可能性の高い単一の金額により算定する方法）又は②期待値法（起こりうると考えられる対価の額を確率で加重平均した金額により算定する方法）のいずれかより適切に予測できる方法を用いて見積ることとしている*1。また，変動対価は常に全額を取引価格に含められるわけではなく，取引の実態を適正に把握し，収益の過大計上を防ぐ目的で一定の制限が設けられている（**新会計基準54項**）。変動対価の額に一定の制限を設けることにより，変動対価に関する不確実性が解消される時点で，収益認識累計額に大幅な戻入が生じない可能性が非常に高い範囲でのみ，変動対価を取引価格に含めることが可能となる。いずれの方法を採用するにせよ，変動対価の額の見積りに使用する情報は，入札や提案等の過程及び財又はサービスの価格設定において，経営者が使用する情報と同様のものであるとされる（**新会計基準141項**）。

このように，会計基準にも予め見積りの算定方法が定められており，見積りにあたり使用する情報についても経営判断にあたって使用する情報と同様であることからも，信憑性の高い情報によって合理的に見積られた金額であるならば，取引価格に反映させることを認める取扱いである。

(3)は，(1)の事実を明らかにする根拠と(2)の算定根拠を裏付ける客観的な資料を提示することができる様，書類の保存が必要である。

変動対価は，取引価格の決定プロセスの中でも会計処理に大きな影響を及ぼすため，企業独自で変動対価を見積り，売上計上額の判断をしたのであれば，税法上は，公平な課税の実現のために恣意性を排除する必要性に鑑み，その根拠を明確に示すことが求められる。

---

*1　①最頻値法は，契約において生じる結果が2つしかない場合（例えば，割増金の条件を達成するか否かのいずれかである場合）には，変動対価の額の適切な見積りとなる可能性がある。
　②期待値法は，犠牲の類似した多くの契約を有している場合には，変動対価の額の適切な見積りとなる可能性がある（新会計基準140項）。

3 相手方に支払われる対価（法基通2－1－1の16）

相手方に支払われる対価は，企業が顧客に対して支払う又は支払うと見込まれる現金の額や，顧客が企業に対する債務額に充当できる額を含むとされている（**新会計基準63項**）。相手方に支払われる対価（キャッシュバック等）は，相手方から受領する別個の財又はサービスと交換に支払われるものである場合を除き，取引価格から減額する。

相手方から支払われる対価を取引価格から減額する場合には，次のいずれか遅い方が発生した時点で，取引価格から減額することとしている（**新会計基準64項**）。

(1) 関連する財又はサービスの移転に対する収益を認識する時

(2) 企業が対価を支払うか又は支払を約束する時

国税庁が公表している取引例には，企業が相手方に対して製品を100千円で販売する契約を締結したケースを例示している。

現行の会計基準では，販売契約時の価格100千円を収益として認識し，10千円を費用として計上することとしているが，新会計基準では，10千円は何らかの権利に対する支配を獲得するものではなく，企業が相手方から受領する別個の財又はサービスとの交換によるものではないと考えるため，取引価格から減額することになる。

法人税基本通達の対応は，相手方に支払われる対価（**法基通2－1－1の16**）を新設し，以下の取扱いを示している。なお，相手方に支払われる対価の取扱いについては，会計上と税法上の収益で異なる認識はないことから，基本的には会計の取扱いと同様である。

●図表－3　取引のイメージ

《イメージ》

	現行	新基準
	販売費としている場合	
企業 ← 100千円受取 相手方	収益 100	収益 90
企業 → 10千円支払 相手方	費用 10	費用 －
	利益 90	利益 90

出典：国税庁「収益認識に関する会計基準」への対応について～法人税関係～（2018.5）26頁。

■新通達4　資産の引渡時の価額　131

資産の販売等に係る契約において，相手方に対価が支払われることが条件となっている場合には，次に掲げる日のうちいずれか遅い日の属する事業年度においてその対価の額に相当する金額を当該事業年度の収益の額から減額することを明らかにしている。
(1)　その支払う対価に関連する資産の販売等に係る引渡し等の日又は近接する日
(2)　その対価を支払う日又はその支払を約する日

　また，経過的取扱いとして，相手方に支払われる対価について支払をした日における費用処理も，当分の間は認めることとしている（経過的取扱い(3)）。
　抽選券付販売及び金品引換券付販売に要する景品等の費用ついて，現行の通達の取扱いは，抽選券の引換えの請求があった日，金品引換券を引換えた日の属する事業年度の損金の額に算入することとされているが（法基通9－7－1，9－7－2），この対象からキャッシュバック等に該当する取引を除くこととし，キャッシュバック等以外のものについては，引続き販管費等として債務が確定したときに損金の額に算入するとしている。

ま　と　め

　実際の取引において変動対価があっても，それらの金額を受領した時点や，契約の履行段階でリスクが解消し，契約履行の確実性が確保できた時点で収益計上している企業がほとんどではないだろうか。
　しかし，新会計基準の下では，予め変動対価を見積り，取引価格に反映させる必要があるため，企業内で見積りのプロセスを構築する必要がある。具体的には，業績管理方法の見直しや，情報収集システムの構築等，算出される変動対価の数字の裏付けとなる資料を準備する必要がある。
　上記情報収集のシステムが構築され，どの時点でどういったリスクが生じるか等の検証が進めば，客観的な情報の裏付けを基に，変動対価の見積りが可能になると思われる。今後は，収益認識をどの段階で確定させるか等，予め取引相手に対して提示することも必要になってくるであろう。
　また，新会計基準に合わせて法人税法の改正は進められているが，消費税については総額主義であることを考えると，事務処理が煩雑になり，会計処理の

132　第3章　収益認識基準の制定に伴う法人税基本通達の対応

段階でミスが生じやすくなることが想定される。この点について，平成30年6月1日に公表された収益認識に関する会計基準の資料のうち，「収益認識基準による場合の取扱いの例」が公表されている。論点となるであろう6つのケースの取扱い事例を提示し，それぞれのケースごとに会計と法人税法と消費税法との間での処理の相違について，取扱いを示している。

　今後消費税等の処理については，入力コードの誤りが頻発することが想定される。現状の打開策としては，消費税の申告書作成用に売上高を総額で処理した会計データを別個に作成することしかないように思われる。ただ，それでは事務処理が煩雑になり，手間も増えることになる。課税庁側は，大企業を対象にした消費税の対応を求められることになるだろう。

　新会計基準は，上場企業等には，平成33（2021）年4月1日以後開始する事業年度から強制適用される（**新会計基準81項**）。新会計基準が本格的に適用されることによって生じる様々な私法上の取引の会計処理方法によっては，今後も税法は取扱いを示して適宜対応していくことになるであろう。

ポイント

① 資産の引渡時の価額とは，通常第三者間で取引されたとした場合に通常付される価額，すなわち時価により税務上の収益が計上されることを明確化。

② 新会計基準では，取引の対価に変動性のある金額が含まれる場合，変動部分の金額を見積り，その部分を控除して収益を認識する。

③ 変動対価の算定は，企業による見積りや独自の判断要素が取り入れられるため，税法では通達が示す要件のすべてを満たした場合にのみ取引価格に反映することを容認する。

④ 変動対価の見積りにあたり，今後は企業内で見積りのプロセスを構築する必要がある。

［齋藤　樹里］

新通達5
収益の帰属時期

　法人税法の収益認識に関する原則ともいえる条文が改正になり，実務にはどのような影響が出るのか注目が集まっている。

　収益認識に関する企業会計基準，法人税法，通達が新設，改正，一部改正されることとなったが，収益の帰属時期に着目して，どのような改正が行われたのか，企業会計の取扱いと法人税，法人税基本通達の改正前と後の取扱いを中心に，以下確認していく。

I 「新会計基準」の考え方

1 企業会計基準改正の概要

　法人税法第22条の改正には，我が国の企業会計基準の改正が影響している。企業会計基準委員会は，平成30年3月30日，収益認識に関する新しい基準を公表した。企業会計基準においてこれまで収益の認識に関する包括的な基準がなかったこと，また国際会計基準審議会（IASB）及び米国財務会計基準審議会（FASB）が共同で「顧客との契約から生じる収益」を公表したことを踏まえつつ，日本の会計実務に見合った基準として，企業会計基準第29号「収益認識に関する会計基準」等を公表した。

　この新会計基準における収益認識の原則は，約束した財又はサービスの顧客への移転を当該財又はサービスと交換に企業が権利を得ると見込む対価の額で描写するように，収益を認識すること（企業会計基準第29号*¹16項）であり，この原則に従い収益を認識するために以下5つのステップを適用して収益を認識することとした（新会計基準17項）。

---

*1　企業会計基準第29号を以下「新会計基準」とする。

134　第3章　収益認識基準の制定に伴う法人税基本通達の対応

ステップ1：顧客との契約を識別する
ステップ2：契約における履行義務を識別する
ステップ3：取引価格を算定する
ステップ4：契約における履行義務に取引価格を配分する
ステップ5：履行義務を充足した時にまたは充足するにつれて収益を認識
する

2 企業会計基準での収益の帰属に関する取扱い

新会計基準では収益を認識する際に，一定期間にわたり履行義務が充足され
る取引と，それ以外の取引，すなわち一時点で履行義務が充足される取引に区
分し，それぞれの収益の帰属時期について規定している。収益の帰属時期は契
約の履行義務を充足する時点，または一定期間に充足される場合には，履行義
務が充足されるにつれて収益を認識する。これは IFRS15号の考え方を踏襲し
たものであるといえる。

《一定期間にわたり履行義務が充足される取引とは》（新会計基準38項）
　以下のいずれかを満たす取引をいう
ⅰ．企業が顧客との契約における義務を履行するにつれて，顧客が便益を
享受すること
ⅱ．企業が顧客との契約における義務を履行することにより，資産が生じ
る又は資産の価値が増加し，当該資産が生じる又は当該資産の価値が増
加するにつれて，顧客が当該資産を支配すること
ⅲ．次の要件のいずれも満たすこと
　a．企業が顧客との契約における義務を履行することにより，別の用途
に転用することができない資産が生じること
　b．企業が顧客との契約における義務の履行を完了した部分について，
対価を収受する強制力のある権利を有していること

財又はサービスを含む資産の移転したときを履行義務の充足ととらえ，顧客
が資産に対する支配を獲得した時又は獲得するにつれて資産が移転すると規定

■新通達5　収益の帰属時期　135

している（**新会計基準35項**）。ここでいう支配とは，資産の使用を指図し，資産からの残りの便益のほとんどすべてを享受する能力また他の企業が資産の使用を指図して資産から便益を享受することを妨げる能力をいう（**新会計基準37項**）。

Ⅱ　改正法人税法における収益の帰属時期

1　改正法人税法の収益認識

　法人税法では，新会計基準の公表を受け，法人税法第22条４項を改正し同法第22条の２を新設することにより，収益の認識に関する定めの改正を行うことを平成30年度税制改正大綱で公表した。

　従来法人税法では，事業年度の収益の額は，別段の定めがあるものを除き，一般に公正妥当と認められる会計処理の基準に従って計算すると規定されていた（**法法22④**）。改正により，法人税法第22条４項に「別段の定めがあるものを除き」という文言を追加することによって，収益の額について法人税法独自の考え方を取り入れるということを明文化したといえる。

2　法人税法第22条の２各項の規定すること

　法人税法第22条の２では，その第１項から第３項において収益の帰属時期に関する法人税法第22条４項の別段の定めを規定した。

　第１項では，収益の額は，別段の定めがあるものを除き，目的物の引渡し又は役務の提供の日の属する事業年度の益金の額に算入することを規定している。第２項では，一般に公正妥当と認められる会計処理の基準に従って資産の販売等にかかる契約の効力が生ずる日その他の引渡し日または役務提供の日に近接する日の属する事業年度の確定した決算において収益として経理した場合には，収益の額は，別段の定めがあるものを除き，当該事業年度の益金の額に算入することを規定している。すなわち，収益の認識は原則として目的物の引渡し日を基準としているが，一般に公正妥当な会計処理に従い，その契約の効力が生ずる日または引渡し日等に近接する日で確定した決算で収益経理している場合には，それも法人税法上の所得計算における益金の額に算入することを定めた。

　さらに第３項の規定により，近接する日の属する事業年度の確定した決算において収益に計上していない場合でも，申告書上益金算入に関する記載がある

136　第３章　収益認識基準の制定に伴う法人税基本通達の対応

ときは，その近接した日の属する事業年度の確定した決算において収益とみなし，益金の額に算入することが可能である。反対に，引渡し等の日または近接した日の属する事業年度に収益として計上している場合には，申告調整によりそれ以外の事業年度の益金の額に算入することはできない。

Ⅲ 改正通達の対応

1 基本的な方針

これまで法人税法上に収益の額は一般に公正妥当と認められる会計処理の基準による規定しか存在せず，実務では法人税基本通達に記載の方法に沿って，個別の収益の帰属時期についての判断を行っていた現実がある。今回の改正で法人税法において収益認識に関する別段の定めが設けられることとなったが，個別取引の収益認識に関しては，今後も通達による税務の取扱いを基準として収益の帰属時期に関する実務上の判断をすることになるだろう。以下では，個別の取引において企業会計基準での取扱いと，それに伴う法人税基本通達の改正による対応を確認していく。新たな通達は平成30年4月1日以後終了する事業年度から適用されることが明らかにされた。

2 棚卸資産の販売等による収益の帰属時期（法基通2－1－2～2－1－4）

新会計基準では，一定の期間にわたり充足される履行義務の要件のいずれも満たさない場合は，一時点で充足される履行義務として，資産に対する支配を顧客に移転することにより履行義務が充足されるときに収益を認識する（**新会計基準39項**）。一時点で充足される履行義務は，資産に対する支配を顧客に移転することにより充足される時に収益を認識するが，例えば，対価を収受する権利を得たこと，法的所有権を有したこと，物理的占有を移転したこと，資産の所有に伴う重大なリスクを負い経済的価値を享受していること，検収したことを挙げている（**新会計基準40項**）。ただし一定の場合には，代替的な取扱いとして，出荷時から商品又は製品の支配が顧客に移転するための一時点，例えば出荷時や着荷時に収益を認識する取扱いも認められる（**新適用指針*²98項**）。

＊2　企業会計基準適用指針第30号を以下，「新適用指針」とする。

■新通達5　収益の帰属時期　137

一方税務では，改正前通達の取扱いは，引渡し等の日の属する事業年度において益金算入すること（旧法基通2－1－1，2－1－14）としつつ，引渡し日とは出荷日，検収日，検針日，使用収益可能日等を指すとしてこれらの日に収益経理している場合には，これらの日の属する事業年度において益金算入することも認められていた（旧法基通2－1－2）。

新通達では，棚卸資産の販売に係る収益の額を引渡し日基準で認識するとし，その引渡しの日を出荷日，船積日，相手への着荷日，検収した日，使用収益可能日等，棚卸資産の種類及び性質，その販売に係る契約の内容等に応じその引渡しの日として合理的であると認められる日のうち法人が継続して収益計上を行うこととしている日であると示している（法基通2－1－2）。

変更点として，改正前通達に引渡し等の日として列挙されていた検針等により販売数量を確認した日による収益の計上が別の取扱いとなった。ガス，水道などで週，旬，月を単位として規則的な検針等により料金の算定が行われ継続してその検針が行われた日において収益計上している場合には，その検針が行われた日を引渡しの日に近接する日に該当するという取扱いを示した（法基通2－1－4）。これらは使用量に応じて検針日に料金が決定する性質があり，検針日を近接する日として，税法独自の収益の帰属時期として認識することが明らかにされた。

また，委託販売に係る収益の額を売上計算書到達日において収益計上を継続して行っている場合においても，到達した日を引渡しの日に近接する日に該当するとした（法基通2－1－3）。

●図表－1　棚卸資産販売の基準日

引渡し日	近接する日
・出荷日 ・検収日 ・使用収益可能日	・検針日 ・売上計算書到達日 　（委託販売）

3　役務の提供に係る収益の帰属時期（法基通2－1－21の2～6）

新会計基準では役務の提供に係る取引を，まず原則に従い，一定期間に履行義務が充足される取引か，一時点で履行義務が充足される取引に該当するかにより，収益の帰属を判断する。役務の提供が一定の期間にわたり充足される履行義務である場合には，履行義務の充足に係る進捗度を見積もり，当該進捗度

に基づき収益を一定の期間にわたり認識する（**新会計基準41項，42項**）。進捗
度の見積り方法は，以下の方法が指針で明らかにされている。

〔**アウトプット法**〕現在までに移転した財又はサービスの顧客にとっての価値
　を見積もる方法で，生産単位数，現在までに履行を完了した部分の調査等を
　指標とする（**新適用指針17項**）。

〔**インプット法**〕既に使用されたインプットが，履行義務の完了までに要する
　インプット合計に占める割合で収益を計上する方法で，消費した資源，発生
　した労働時間，コスト，機械使用時間等が指標として用いられる（**新適用指
　針20項**）。

　従来の税務の取扱いでは，役務の提供全体に関する取扱いは存在せず，新設
された通達がいくつかある（**法基通2－1－21の2～2－1－21の6**）。請負
にかかる収益の帰属時期や，建設工事等の引渡し日の判定等の通達には一部改
正が入っている。

　新設された役務の提供に係る収益の帰属に関する通達は，収益の帰属時期の
判断に関する取扱いと，一定期間にわたり履行義務が充足される役務の提供の
収益の額の算定に関する取扱いである。

　役務の提供のうち，その履行義務が一定の期間にわたり充足されるものについ
いてはその履行に着手した日から引渡し等の日までの期間において履行義務が
充足されていくそれぞれの日の属する事業年度において益金の額に算入し，履
行義務が一時点で充足されるものについては，引渡し等の日の属する事業年度
において益金の額に算入する取扱いとなった（**法基通2－1－21の2，2－
1－21の3**）。

　通達でも，履行義務が一定期間にわたり充足されるものの定義を示しており，
企業会計基準におけるそれと，表現が若干異なるものの，意図しているものは
同様であると解釈できる。相手が便益を享受するとは，例えば，清掃サービス
などの日常的または反復的なサービスが該当し，資産の価値が増加し支配する
こととは，資産の使用を指示し，資産からの残りの便益のほとんど全てを享受
する能力（他の者が当該資産の使用を指示して当該資産から便益を享受するこ
とを妨げる能力を含む。）を有することを言う，といった説明が通達には加え
られている（**法基通2－1－21の4**）。

　履行義務が一定の期間にわたり充足されるものに係る着手日から引渡し日前
の事業年度までの各事業年度の益金の額に算入する収益の額は，提供する役務

■新通達5　収益の帰属時期　139

につき通常獲得すべき対価の額に相当する金額に各事業年度終了の時における履行義務の充足に係る進捗度を乗じて計算した金額から，各事業年度前の各事業年度の収益の額とされた金額を控除した金額であるとされた。その進捗度の計算は役務の提供に係る原価の額の合計額のうちにその役務の提供のためにすでに要した原材料費，労務費その他の経費の額の合計額の占める割合その他の履行義務の進捗の度合いを示すものとして合理的に認められるものに基づいて計算した割合とする取扱いを明らかにした（**法基通2－1－21の5，2－1－21の6**）。通達で示された進捗度の計算方法は，企業会計基準適用指針でいうインプット法に近いものであるが，そのほか合理的に認められる基準であれば，採用することが可能であると考えられる。

　請負による収益の額は，従来，別に定めるものを除き，物の引渡しを要する請負契約にあってはその目的物の全部を完了して相手に引渡した日，物の引渡しを要しない請負契約にあってはその約した役務の全部を完了した日の属する事業年度の益金の額に算入するとされていた（**旧法基通2－1－5**）。建設工事等で，引渡量に従い工事代金を収受する特約がある場合等一定の場合には，建設工事等の全部が完了しなくても，引き渡した量又は完成した部分に対応する工事収入をその事業年度の益金の額に算入する部分完成基準による収益の認識も可能であるとされていた（**旧法基通2－1－9**）。

　新通達では，原則として請負はその引渡し等の日が属する事業年度の益金の額に算入するが，履行義務が一定の期間にわたり充足されるものである請負の契約である場合には，他の役務提供と同様に着手日から引渡し日の属する事業年度まで進捗度に応じて益金の額に算入する場合には，それも認められることが示された（**法基通2－1－21の7**）。この場合の進捗度の見積もりも，役務提供の進捗度と同様の基準を用いる。

④　知的財産のライセンスの供与にかかる収益の帰属時期（法基通2－1－30）

　新会計基準では知的財産のライセンス供与に関する収益の帰属は，ライセンスを供与する約束の性質により，適用を判断することが定められている。ライセンス期間にわたり存在する企業の知的財産にアクセスする権利の場合，一定の期間にわたり充足される履行義務として処理する。ライセンスが供与される時点で存在する企業の知的財産を使用する権利の場合，一時点で充足される履

140　第3章　収益認識基準の制定に伴う法人税基本通達の対応

行義務として処理し，顧客がライセンスを使用して，便益を享受できるように
なった時点で収益を認識する（**新適用指針62項**）。

　税務の取扱いでは，従来，ライセンスの供与に係る収益の帰属を直接に示す
通達はなかったが，実務上は法基通２−１−30（工業所有権等の使用料の帰属
の時期）の取扱いを基本として収益の帰属を判断していたと考えられる。そこ
で，改正後は，知的財産のライセンス供与の性質により，ライセンス期間にわ
たり存在する法人の知的財産にアクセスする権利であるものを一定期間にわた
り充足される履行義務とし，ライセンスが供与される時点で存在する法人の知
的財産を使用する権利であるものを一時点で充足される履行義務として，それ
ぞれ役務提供の収益と同様に収益を認識する取り扱いを示す通達が新設された
（**法基通２−１−30**）。企業会計の考え方と同様に，一定期間にわたり履行義務
が充足される取引か，一時点で履行義務が充足される取引かの判断により収益
の帰属時期を決定することになる。

5　売上高又は使用量に基づく使用料にかかる収益の帰属時期（法基通２−１−30の４）

　新会計基準では，知的財産のライセンス供与に対して受け取る売上高又は使
用量に基づくロイヤルティが知的財産のライセンスのみに関連している場合，
あるいはロイヤルティにおいて知的財産のライセンスが支配的な項目である場
合には，ＡまたはＢいずれか遅い方で，売上高または使用量に基づくロイヤ
ルティについて収益を認識すると規定されている（**新適用指針67項**）。

Ａ．知的財産のライセンスに関連して顧客が売上高を計上する時又は顧客が知
　的財産のライセンスを使用する時
Ｂ．売上高又は使用量に基づくロイヤルティの一部又は全部が配分されている
　履行義務が充足（あるいは部分的に充足）される時

　税務の取り扱いも，基本的には企業会計上の取扱いと同様で，顧客が売上を
計上する時または役務の全部または一部が完了する時のいずれか遅い日に収益
を認識することが示されている（**法基通２−１−30の４**）。

　改正前の通達には，ライセンスの供与に係る売上高に基づく使用料の収益の
帰属時期に関する取扱いは明記されておらず，ライセンスの供与に係る収益の
帰属とともに，新設された項目である。

■新通達5　収益の帰属時期　141

6 工業所有権等の使用料の帰属時期（法基通2－1－30の5）

新会計基準では工業所有権等の使用料の取扱いが明記されていないことから，原則に従い，その取引の履行義務が一定期間にわたり充足される場合又は一時点で履行義務が充足される場合の取扱いに従って，収益計上するものと考えられる。

旧法基通2－1－30では，工業所有権等のノウハウを他の者にさせたことにより支払いを受ける使用料の額は，その額が確定した日の属する事業年度の益金の額に算入する。ただし，法人が継続して契約により当該使用料の額の支払いを受けることとなっている日の属する事業年度の益金の額に算入している場合には，これを認めると示されていた。

新通達では，工業所有権等又はノウハウを他の者に使用させたことにより支払いを受ける使用料の額について，法人が継続して契約によりその使用料の額の支払いを受けることとなっている日において収益計上を行っている場合には，法人税法第22条の2第2項の役務の提供の日に近接する日に該当することを明らかにした（**法基通2－1－30の5**）。

工業所有権等の使用料の収益の帰属時期が大きく変更されるものではないが，使用料の支払いを受けることとなっている日が近接する日に該当することを示す通達であると解釈できる。

ただし，経過的な取扱いとして，工業所有権等又はノウハウを他の者に使用させたことにより支払いを受ける使用料の額は，その額が確定した日の属する事業年度の益金の額に算入している場合には，当分の間認められる（**経過的取扱い(4)**）。

7 商品引換券等の発行にかかる収益の帰属時期・非行使部分に係る収益の帰属時期（法基通2－1－39）

新会計基準では，財又はサービスを顧客に移転する前に顧客から対価を受け取る場合，顧客から対価を受け取った時または対価を受け取る期限が到来した時のいずれか早い時点で，顧客から受け取る対価について契約負債を貸借対照表に計上し（**新会計基準78項**），財又はサービスを移転し，履行義務を充足した時に，当該契約負債が消滅すると同時に収益を認識すると明らかにした（**新適用指針52項**）。すなわち，支払いを受けた際には仮受金，前受金，預り金等

142　第3章　収益認識基準の制定に伴う法人税基本通達の対応

の負債に計上し，商品の引渡し等があった日の属する事業年度の収益として認識する。

　商品引換券等で将来行使されないと見込まれる部分については，企業が将来において権利を得ると見込む場合には，顧客による権利行使のパターンと比例的に収益を認識する。商品引換券等の非行使部分で企業が将来において権利を得ると見込まない場合には，その非行使部分の金額について，顧客が残りの権利を行使する可能性が極めて低くなった時に収益を認識する（**新適用指針54項**）。これは発行した商品引換券等で将来，権利が行使されないと見込まれる部分の金額は，権利行使された部分の金額の比で収益を認識し，権利行使されると見込まれた部分で結果的に権利行使する可能性が極めて低くなった部分は，その権利を行使する可能性が極めて低くなった時に収益を認識すると理解できる。

　旧通達では，商品引換券等を発行しその対価を受領した場合における対価の金額は，その商品引換券等を発行した日の属する事業年度の益金の額に算入するとされていた。ただし，法人が税務署長の確認を受けた場合には，商品引換券等の発行にかかる対価の額を商品の引渡し等のあった日の属する事業年度の収益に計上し，その発行にかかる事業年度終了の日の翌日から３年を経過した日の属する事業年度終了のときにおいて商品の引渡し等を完了していない商品引換券等に係る対価の額を当該事業年度の収益に計上することも認められていた（**旧法基通２－１－39**）。

　新通達では，新会計基準に対応して，商品引換券等を発行しその対価を受け取る場合の対価の額は，原則としてその商品の引渡し等のあった日の属する事業年度の益金の額に算入するとされた（**法基通２－１－39**）。この商品の引渡し日で収益を認識する方法による場合でも，今後は税務署長の確認は不要となる。

　ただし，経過的取扱いとして，平成30年４月１日前に終了した事業年度において発行した商品引換券等については，新たに基準を定めるまでの間は，従来どおり商品引換券等の発行時又は足掛け５年目において未計上となっている商品引換券等に係る対価の額を一括して益金算入することも認めるとされている（**経過的取扱い(6)**）。

　商品引換券等発行の日から10年が経過した日の属する事業年度終了の時において商品の引渡し等を完了していない商品引換券等は，対価の額を10年経過し

■新通達5　収益の帰属時期　143

た日の属する事業年度で益金の額に算入し，引渡しを完了しなかった商品引換券等が10年を経過した日の前に次の①から③の事実に該当した場合には，その事実が生じた日の属する事業年度で収益の額とするとされた（**法基通2－1－39**）。

① 法人が発行した商品引換券等をその発行に係る事業年度ごとに区分して管理しないこと又は管理しなくなったこと

② その商品引換券等の有効期間が到来すること

③ 法人が継続して収益計上をすることとしている基準に達したこと

商品引換券等の非行使部分については，発行から10年経過日等の属する事業年度までの間は，非行使部分に係る対価の額に，相手が行使すると見込まれる金額のうち，実際に行使された金額の割合を乗じて得た金額から既に益金の額に算入された金額を控除する方法その他のこれに乗じた合理的な方法に基づいて計算された収益の額を益金の額に算入することができると示した（**法基通2－1－39の2**）。企業会計における商品引換券等の非行使部分についての取扱いに対応するものである。

⑧ 返金不要の顧客からの支払いの帰属時期（法基通2－1－40の2）

新会計基準では，契約における取引開始日またはその前後に受け取る返金不要の顧客からの支払いは，約束した財又はサービスの移転を生じさせるものでない場合には，将来の財又はサービスの移転を生じさせるものとして将来の財又はサービスを提供する時に収益を認識し，約束した財又はサービスの移転を生じさせるものである場合には，財又はサービスの移転を独立した履行義務として処理するかどうかを判断すると定めた（**新適用指針57～59項**）。

新通達では，資産の販売等に係る取引を開始するに際して，相手方から中途解約のいかんにかかわらず取引の開始当初から返金が不要な支払いを受ける場合には，原則としてその取引の開始の日の属する事業年度の益金の額に算入するとされた。ただし，当該返金が不要な支払が，契約の特定期間における役務の提供ごとに，それと具体的な対応関係をもって発生する対価の前受けと認められる場合において，その支払を役務の提供の対価として，継続して特定期間の経過に応じてその収益の額を益金の額に算入しているときは，それを認めることを示した。

144 第3章 収益認識基準の制定に伴う法人税基本通達の対応

《返金が不要な支払の例》

① 工業所有権等の実施権の設定の対価として支払いを受ける一時金

② ノウハウの設定契約に際して支払いを受ける一時金又は頭金

③ 技術役務の提供に係る契約に関連してその着手費用に充当する目的で相手方から収受する仕度金，着手金等のうち，後日清算して剰余金があれば返還することとなっているもの以外のもの

④ スポーツクラブの会員契約に際して支払いを受ける入会金

(法基通2－1－40の2)

　企業会計基準における返金不要の支払の帰属時期に対応する税務の取り扱いを示すものとして新設されたと考えられる。企業会計基準と異なる点は，財又はサービスの移転がいつであるかとは関係なく，通達では原則として取引開始日に収益を認識し，一定の場合には役務提供期間の経過に応じて収益を認識するとした点である。

　収受した返金不要の支払を特定期間の役務の提供に係る前受金と認められる場合には，特定期間の経過に応じて収益の額を認識することも認められるが，契約による期間の定めがない場合の返金が不要な支払には，原則に従いその取引の開始日に収益を認識することになると考えられる。

原則：支払いを受けた日（取引開始日）に収益認識
例外：契約の役務提供期間で期間按分

まとめ

　収益認識に関する新しい考え方が会計基準に導入されたが，中小企業においては従来の収益認識に関する考え方が180度変わるというものではない。法人税における収益の額及び益金の額の計算についても，従来の認識基準と大きく異なるものではない。ただ考え方や個々の通達改正による実務への影響は今後徐々に波及することが想定される。特に，商品引換券等の取扱いは従来のものと大幅に変更されており，従来の通達による取扱いを採用していた法人は再検討が必要かもしれない。いずれにしても，実務における運用が開始され，さらなる検討が行われることに期待したい。

■新通達5　収益の帰属時期　145

ポイント

① 基本的に，一定期間にわたり充足される履行義務か，一時点で充足される履行義務かで収益の帰属時期を判断する。

② 検針日，委託販売における売上計算書到達日を引渡し日等に近接する日とする。

③ 商品引換券は目的物の引渡しをもって収益を認識する取扱いを示した。

[小林　由実]

第4章

資　　料
～法人税基本通達の一部改正（抄）

■資料　法人税基本通達の一部改正（新旧対照表）（抄）

別　紙

第1　法人税基本通達関係

昭和44年5月1日付直審（法）25「法人税基本通達の制定について」（法令解釈通達）のうち次の「改正前」欄に掲げるものをそれぞれ「改正後」欄のように改める。

二　収益等の計上に関する通則

改　正　後	改　正　前
第1款　資産の販売等に係る収益計上に関する通則 （収益の計上の単位の通則） 2-1-1　資産の販売若しくは譲渡又は役務の提供（2-1-1の10及び2-1-40の2を除き、平成30年3月30日付企業会計基準第29号「収益認識に関する会計基準」（以下2-1-1において「収益認識基準」という。）の適用対象となる取引に限る。以下この節において「資産の販売等」という。）に係る収益の額は、原則として個々の契約ごとに計上する。ただし、次に掲げる場合に該当する場合には、それぞれ次に定めるところにより区分した単位ごとにその収益の額を計上することができる。	第1款　棚卸資産の販売による収益の帰属の時期 （棚卸資産の販売による収益） 2-1-1　棚卸資産の販売による収益の額は、その引渡しがあった日の属する事業年度の益金の額に算入する。

改正後	改正前
(1) 同一の相手方及びこれとの間に支配関係その他これに準ずる関係のある者と同時期に締結した複数の契約について、当該複数の契約において約束した資産の販売等を組み合わせて初めて単一の履行義務（収益認識基準第7項に定める履行義務をいう。以下2-1-21の7までにおいて同じ。）となる場合　当該複数の契約による資産の販売等の組合せ (2) 一の契約の中に複数の履行義務が含まれている場合　それぞれの履行義務に係る資産の販売等 例1　同一の相手方及びこれとの間に支配関係その他これに準ずる関係のある者と同時期に締結した複数の契約について、次のいずれかに該当する場合には、当該複数の契約を結合したものを一の契約とみなして7ただし書の(2)を適用する。 (1) 当該複数の契約が同一の商業目的を有するものとして交渉されたこと。 (2) 一の契約において支払を受ける対価の額が、他の契約の価格又は履行により影響を受けること。 2　工事（製造及びソフトウエアの開発を含む。以下2-1-1において同じ。）の請負に係る契約について、次の(1)に区分した単位における収益の計上時期及び金額が、次の(2)に区分した単位における収益の計上時期及び金額に比してその差異に重要性が乏しいと認められる場合には、次の(1)に区分した単位ごとの収益の額を計上することができる。 (1) 当事者間で合意された実質的な取引の単位を反映するように複数の契約（異なる相手方と締結した複数の契約又は異なる複数の契約の締結した場合のその複数の契約において約束した工事の組合せ (2) 同一の相手方及びこれとの間に支配関係その他これに準ずる関係のあ	

改正後	改正前

名者と同時期に締結した複数の契約について、ただし書の(1)又は(2)に掲げる場合に該当する場合（ただし書の(2)にあっては、上記①によりみなして適用される場合に限る。）におけるそれぞれただし書の(1)又は(2)に定めるところにより区分した単位

3　一の資産の販売等に係る契約につきただし書の適用を受けた場合には、同様の資産の販売等に係る契約についても、継続してその適用を受けたただし書の(1)又は(2)に定めるところにより区分した単位ごとに収益の額を計上することに留意する。

（機械設備等の販売に伴い据付工事を行った場合の収益の計上の単位）

2-1-1の2　法人が機械設備等の販売をしたことに伴いその据付工事を行った場合（法第64条第1項《長期大規模工事の請負に係る収益及び費用の帰属事業年度》の規定の適用がある場合及び同条第2項《長期大規模工事以外の工事の請負に係る収益及び費用の帰属事業年度》の規定の適用を受ける場合を除く。）において、その据付工事が相当の規模のものであり、かつ、契約その他に基づいて機械設備等の販売と据付工事に係る対価の額とを合理的に区分することができるときは、2-1-1ただし書(2)に掲げる場合に該当するかどうかにかかわらず、その区分した単位ごとにその収益の額を計上することができる。

（新　設）

（資産の販売等に伴い保証を行った場合の収益の計上の単位）

2-1-1の3　法人が資産の販売等に伴いその販売若しくは譲渡する資産又は提供する役務に対する保証を行った場合において、当該保証がその資産又は役務が合意された仕様に従っているという保証のみであるときは、当該保証に当該資産の販売等とは別の取引の単位として収益の額を計上することとはならな

（新　設）

改　　　正　　　前	改　　　正　　　後
（新　設）	いことに留意する。 （部分完成の事実がある場合の収益の計上の単位） 2-1-1の4　法人が請け負った建設工事等（建設、造船その他これらに類する工事をいう。以下2-1-21の8までにおいて同じ。）について次に掲げるような事実がある場合（法第64条第1項（長期大規模工事の請負に係る収益及び費用の帰属事業年度）の規定の適用がある場合及び同条第2項（長期大規模工事以外の工事の請負に係る収益及び費用の帰属事業年度）の規定の適用を受ける場合を除く。）には、その建設工事等の全部が完成しないときにおいても、2-1-1にかかわらず、その建設工事等のうち引き渡した建設工事等の量又は完成した部分に区分した単位ごとにその収益の額を計上する。 (1)　一の契約により同種の建設工事等を多量に請け負ったような場合で、その引渡量に従い工事代金を収入する旨の特約又は慣習がある場合 (2)　1個の建設工事であっても、その建設工事の一部が完成し、その完成した部分を引き渡した都度その割合に応じて工事代金を収入する旨の特約又は慣習がある場合
（新　設）	（技術役務の提供に係る収益の計上の単位） 2-1-1の5　設計、作業の指揮監督、技術指導その他の技術役務の提供について次に掲げるような事実がある場合には、2-1-1にかかわらず、次の期間又は作業に係る部分に区分した単位ごとにその収益の額を計上する。 (1)　報酬の額が現地に派遣する技術者等の数及び滞在期間の日数等により算定され、かつ、一定の期間ごとにその金額を確定させて支払を受けることとなっている場合 (2)　例えば基本設計に係る報酬の額と部分設計に係る報酬の額とに報酬の額が区分されてい

■資料　法人税基本通達の一部改正（新旧対照表）（抄）　151

改正後	改正前
る場合のように、報酬の額が作業の段階ごとに区分され、かつ、それぞれの段階の作業が完了する都度その金額を確定させて支払を受けることとなっている場合	
（ノウハウの頭金等の収益の計上の単位） ２－１－１の６　ノウハウの開示が２回以上にわたって分割して行われ、かつ、その設定契約に際して支払を受ける一時金又は頭金の支払がほぼこれに見合って分割して行われることとなっている場合には、２－１－１にかかわらず、その開示をした部分に区分した単位ごとにその収益の額を計上する。 （注）１　ノウハウの設定契約に際して支払を受ける一時金又は頭金の額がノウハウの開示のために現地に派遣する技術者等の数及び滞在期間の日数等により算定され、かつ、一定の金額ごとにその金額を確定させて支払を受けることとなっている場合には、その期間に係る部分に区分した単位ごとにその収益の額を計上する。 ２　ノウハウの設定契約の締結に先立って、相手方に契約締結の選択権を付与する場合には、その選択権の提供を当該ノウハウの設定とは別の取引の単位としてその収益の額を計上する。	（新設）
（ポイント等を付与した場合の収益の計上の単位） ２－１－１の７　法人が資産の販売等に伴いいわゆるポイント又はクーポン等のその他これらに類するもの（以下２－１－１の７において「ポイント等」という。）で、将来の資産の販売等に際して、相手方からの呈示があった場合には、その呈示のあった単位数等と交換に、その将来の資産の販売等に係る資産又は役務について、値引き、又は無償若しくは譲渡又は提供をすることとなるもの（当該法人以外の者が運営するものを除く。以下２－１－１の７	（新設）

152　第4章　法人税基本通達（抄）

改　　正　　後	改　　正　　前

改正後：

及び２−１−39の３において「自己発行ポイント等」という。）を相手方に付与する場合（不特定多数の者に付与する場合に限る。）において、次に掲げる要件の全てに該当するときは、継続適用を条件として、当該自己発行ポイント等について当初資産の販売等（以下２−１−１の７において「当初資産の販売等」という。）とは別の取引に係る収入の一部又は全部の前受けとすることができる。

(1) その付与した自己発行ポイント等が当初資産の販売等の契約を締結しなければ相手方が受け取れない重要な権利を与えるものであること。

(2) その付与した自己発行ポイント等が発行した事業年度ごとに区分して管理されていること。

(3) 法人がその付与した自己発行ポイント等に関する権利につきその有効期限を経過したこと、規約その他の契約で定める違反事項に相手方が抵触したことその他の当該法人の責に帰さない事由やむを得ない事情があること以外の理由により一方的に失わせること等ができないことが規約その他の契約において明らかにされていること。

(4) 次のいずれかの要件を満たすこと。

イ その付与した自己発行ポイント等の呈示があった場合に値引き等をする金額（以下２−１−１の７において「ポイント等相当額」という。）が明らかにされており、かつ、将来の資産の販売等に際して、たとえ１ポイント又は１枚のクーポンの呈示があっても値引き等をすることとされていること。

ロ 一定単位数等に達しないと値引き等の対象にならないもの、割引券（将来の資産の販売等の対価の額の一定割合を割り引くことを約する証票をいう。）及びいわゆるスタンプカードのようなものは上記イの要件を満たす自己発行ポイント等には該当しない。

改　正　後			改　正　前		

改正後：

ロ　その付与した自己発行ポイント等が当該法人以外の者が運営するポイント等又は自ら運営する他の自己発行ポイント等で、イに該当するものと所定の交換比率により交換できることとされていること。

⑿　当該自己発行ポイント等について別の取引に係る収入の一部又は一部に充当する場合には、当初資産の販売等に際して支払を受ける対価の額を、当初資産の販売等に係る対価の額（その販売若しくは譲渡をした資産の引渡し時における価額又はその提供をした役務につき通常得べき対価の額に相当する金額をいう。）と、当該自己発行ポイント等に係るポイント等相当額とに合理的に割り振る。

（資産の販売等に係る収益の額に含めないことができる利息相当部分）

2−1−1の8　法人が資産の販売等を行った場合において、次の⑴に掲げる額及び次の⑵に掲げる事実並びにこれらに関連する全ての事実及び状況を総合的に勘案して、当該資産の販売等に係る契約に金銭の貸付けに準じた取引が含まれていると認められるときは、継続適用を条件として、当該取引に係る利息相当額を当該資産の販売等に係る収益の額に含めないことができる。

⑴　資産の販売等に係る契約の対価の額と現金販売価格（資産の販売等と同時にその対価の全額を受ける場合の価格をいう。）との差額

⑵　資産の販売等に係る目的物の引渡し又は役務の提供をしてから相手方が当該資産の販売等に係る対価の支払を行うまでの予想される期間及び市場金利の影響

（割賦販売等に係る収益の額に含めないことができる利息相当部分）

2−1−1の9　法人が割賦販売等（月賦、年賦その他の賦払の方法により対価の支払を受けることを定型的に定めた約款に基づき行われる資産の販売等及び

改正前：

（新　設）

（新　設）

改正後	改正前
延払条件が付された資産の販売等をいう。以下２－１－１の９において同じ。）又は法第63条第１項（リース譲渡に係る収益及び費用の帰属事業年度）に規定するリース譲渡（同条の規定の適用を受けるものを除く。以下２－１－１の９において「リース譲渡」という。）を行った場合において、当該割賦販売等又はリース譲渡に係る販売代価と賦払期間又はリース期間（法第64条の２第３項（リース取引に係る所得の金額の計算）に規定するリース取引（以下２－１－１の９において「リース取引」という。）に規定された同条第１項に規定するリース資産の賃借期間をいう。）中の利息に相当する金額とが区分されているときは、当該利息に相当する金額を当該割賦販売等又はリース譲渡に係る収益の額に含めないことができる。 （資産の引渡しの時の価額等の通則） ２－１－１の10　法第22条の２第４項（収益の額）の「その販売若しくは譲渡をした資産の引渡しの時における価額又はその提供をした役務につき通常得べき対価の額に相当する金額（以下２－１－１の11までにおいて「引渡し時の価額等」という。）とは、原則として資産の販売等につき第三者間で取引された価額とした場合に通常付される価額をいう。なお、資産の販売等に係る目的物の引渡し又は役務の提供の日の属する事業年度終了の日までにその対価の額が合意されていない場合は、同日の現況により引渡し時の価額等を適正に見積もるものとする。 （注）1　なお書の場合において、その後確定した対価の額が見積額と異なるときは、令第18条の２第１項（収益の額）の規定の適用を受ける場合を除き、その差額に相当する金額につきその確定した日の属する事業年度の収益の額を減額し、又は増額する。 　　2　引渡し時の価額等が、当該取引に関して支払を受ける対価の額を超える場合において、その超える部分が、寄附金又は交際費等その他の法人	（新設）

■資料　法人税基本通達の一部改正（新旧対照表）（抄）

改正前	改正後
（新設）	の所得の金額の計算上損金の額に算入されないもの、剰余金の配当等及び その法人の資産の増加又は負債の減少を伴い生ずるもの（以下２－１－１ の16までにおいて「損金不算入費用等」という。）に該当しない場合には、 その超える部分の金額を益金の額及び損金の額に算入する必要はないこと に留意する。 （変動対価） ２－１－１の11　資産の販売等に係る契約の対価について、値引き、値増し、割 戻しその他の事実（法第22条の２第５項各号（収益の額）に掲げる事実を除く。 以下２－１－１の11において「値引き等の事実」という。）により変動する可 能性がある部分の金額（以下２－１－１の11において「変動対価」という。） がある場合（当該値引き等の事実が損金不算入費用等に該当しないものである 場合に限る。）において、次に掲げる要件の全てを満たすときは、(2)により算 定される変動対価につき同条第１項又は第２項に規定する事業年度（以下２－ １－１の11において「引渡し等事業年度」という。）の確定した決算において 収益の額を減額し、又は増額して経理した金額（引渡し等事業年度の確定申告 書に当該収益に係る益金算入額又は減算し、又は増額させる金額の申告の記 載がある場合を含み、変動対価に関する不確実性が解消されないもの のに限る。）は、引渡し等事業年度の引渡し時の価額等の算定に反映するもの とする。 (1)　値引き等の事実の内容及び当該値引き等の事実が生ずることにより契約の 対価の額から減額若しくは増額をする可能性のある金額又はその金額の算定 基準（客観的なものに限る。）が、当該契約若しくは法人の取引慣行若しく は公表した方針等により相手方に明らかにされていること又は当該事業年度 終了の日において内部的に決定されていること。

改 正 前	改 正 後
	(2) 過去における実績を基礎とする等合理的な方法のうち法人が継続して適用している方法により(1)の減額若しくは増額をする可能性又は算定基準の基礎数値が見積もられ、その見積りに基づき収益の額を減額し、又は増額することとなる変動対価が算定されていること。 (3) (1)を明らかにする書類及び(2)の算定の根拠となる書類が保存されていること。 (注)1 引渡し等事業年度終了の日後に生じた事情により令第18条の2第3項(収益の額)に規定する収益基礎額が変動した場合において、資産の販売等に係る収益の額につき同条第1項に規定する当初計上額に同項に規定する修正の経理(同条第2項においてみなされる場合を含む。以下2-1-1の11において「修正の経理」という。)により増加した収益の額を加算し、又は当該当初計上額から当該修正の経理により減少した収益の額を控除した金額が当該資産の販売等に係る法第22条の2第4項に規定する価額又は対価の額に相当しないときは、令第18条の2第3項の規定の適用によりその価額又はその対価の額が変動することとなること、又は増額することとなることに留意する。 2 引渡し等事業年度における資産の販売等に係る収益の額につき、その引渡し等事業年度に計上する資産の販売等に係る収益の額において、その後の事業年度の引渡し等事業年度の確定した決算において行う受入れの経理(その後の事業年度の確定申告書における益金算入に関する申告の記載を含む。)は、一般に公正妥当な会計処理の基準に従って行う修正の経理には該当しないことに留意する。 (売上割戻しの計上時期) 2-1-1の12 販売した棚卸資産に係る売上割戻しについて2-1-1の11
(新設)	

改正後	改正前
の取扱いを適用しない場合には、当該売上割戻しの金額をその通知又は支払をした日の属する事業年度の収益の額から減額する。 （一定期支払わない売上割戻しの計上時期） 2－1－1の13　法人が売上割戻しについて2－1－1の11の取扱いを適用しない場合において、当該売上割戻しの金額につき相手方との契約等により特約店契約の解約、災害の発生等特別な事実が生ずる時まで又は5年を超える一定の期間が経過するまで相手方名義の保証金等として預かることとしているため、相手方がその利益の全部又は一部を実質的に享受することができないと認められる場合には、その売上割戻しの金額については、2－1－1の12にかかわらず、これを現実に支払った日（その日前に実質的に相手方にその利益を享受させることとした場合には、その享受させることとした日）の属する事業年度の売上割戻しとして取り扱う。 （実質的に利益を享受することの意義） 2－1－1の14　2－1－1の13の「相手方がその利益の全部又は一部を実質的に享受すること」とは、次に掲げるような事実があることをいう。 (1) 相手方との契約等に基づいてその売上割戻しの金額に通常の金利を付すとともに、その金利相当額については現実に支払っているか、又は相手方からの請求があれば支払うこととしていること。 (2) 相手方との契約等に基づいて保証金等に代えて有価証券その他の財産を提供することができることとしていること。 (3) 保証金等として預かっている金額が売上割戻しの金額のおおむね50%以下であること。 (4) 相手方との契約等に基づいて売上割戻しの金額を相手方名義の預金又は有	（新設） （新設）

改正後	改正前
値証券として保管していること。 （値増金の益金算入の時期） 2－1－1の15　法人が請け負った建設工事等に係る工事代金につき資材の値上がり等に応じて一定の値増金を収入することが契約において定められている場合には、2－1－1の11の取扱いを適用しないときは、それぞれ次によることとする。この場合において、その建設工事等の引渡しの日後において相手方との協議によりその収入すべき金額が確定する値増金については、その収入すべき金額が確定した日の属する事業年度の収益の額を増額する。 (1)　当該建設工事が2－1－21の2に規定する履行義務が一定の期間にわたり充足されるものに該当する場合（2－1－21の7本文の取扱いを適用する場合を除く。）　値増金を収入することが確定した日の属する事業年度以後の2－1－21の5による収益の額の算定に反映する。 (2)　(1)の場合以外の場合　その建設工事等の引渡しの日の属する事業年度の益金の額に算入する。 （相手方に支払われる対価） 2－1－1の16　資産の販売等に係る契約において、いわゆるキャッシュバックのように相手方に対価が支払われることが条件となっている場合（損金不算入の費用等に該当しない場合に限る。）には、次に掲げる日のうちいずれか遅い日の属する事業年度において、その対価の額に相当する金額を当該事業年度の収益の額から減額する。 (1)　その支払に係る対価に関連する資産の販売等に係る法第22条の2第1項（収益の額）に規定する日又は同条第2項に規定する近接する日	（新　設） （新　設）

改正後	改正前
	(2) その対価を支払う日又はその支払を約する日
（新　設）	**第1款の2　棚卸資産の販売に係る収益**
（棚卸資産の引渡しの日の判定）	**（棚卸資産の引渡しの日の判定）**
2-1-2　2-1-1の場合において、棚卸資産の引渡しの日がいつであるかについては、例えば出荷した日、相手方が検収した日、検収等により販売数量を確認した日等当該棚卸資産の引渡しの日としてその収益計上を行うこととしている日によるものとする。‥‥‥‥‥‥	2-1-2　棚卸資産の販売による収益の額は、その引渡しがあった日の属する事業年度の益金の額に算入するのであるが、その引渡しの日がいつであるかについては、例えば出荷した日、船積みをした日、相手方に着荷した日、相手方が検収した日、相手方において使用収益することができることとなった日等当該棚卸資産の種類及び性質、その販売に係る契約の内容等に応じその引渡しの日として合理的であると認められる日のうち法人が継続してその収益計上を行うこととしている日によるものとする。‥‥‥‥‥‥
(1)　‥‥‥‥‥	(1)　‥‥‥‥‥
(2)　‥‥‥‥‥	(2)　‥‥‥‥‥
（委託販売による収益の帰属の時期）	**（委託販売に係る収益の帰属の時期）**
2-1-3　棚卸資産の委託販売による収益の額は、その委託品について受託者が販売をした日の属する事業年度の益金の額に算入する。ただし、当該委託品について受託者が販売した都度作成され送付されている場合において、法人が継続してその収益計上をした当該書の到達した日の属する事業年度の益金の額に算入しているときは、これを認める。	2-1-3　棚卸資産の委託販売に係る収益の額は、その販売をした日の属する事業年度の益金の額に算入する。ただし、当該委託品について受託者が販売した都度送付を受ける売上計算書が継続して売上の都度作成され送付されている場合において、法人が継続して当該売上計算書の到達した日において収益計上を行っているときは、当該到達した日は、その引渡しの日に近接する日に該当するものとして、法第22条の2第2項（収益の額）の規定を適用する。
(同)	(同)
（販売代金の額が確定していない場合の見積り）	**（検収日による収益の帰属の時期）**

改正後	改正前
2−1−4 ガス、水道、電気等の販売をする場合において、週、旬、月を単位とする規則的な検針に基づき料金の算定が行われ、法人が継続してその検針が行われた日において収益計上を行っているときは、当該検針が行われた日の引渡しの日に近接する日に該当するものとして、法第22条の2第2項（収益の額）の規定を適用する。	2−1−4 法人がその販売に係る棚卸資産を引き渡した場合において、その引渡しの日の属する事業年度終了の日までにその販売代金の額が確定していないときは、同日の現況によりその金額を適正に見積るものとする。この場合において、その後確定した販売代金の額が見積額と異なるときは、その差額は、その確定した日の属する事業年度（その事業年度が連結事業年度に該当する場合には、当該連結事業年度）の益金の額又は損金の額に算入する。
第2款 固定資産の譲渡等に係る収益	**第2款 請負による収益**
	（請負による収益の帰属の時期）
2−1−5 削除	2−1−5 請負による収益の額は、別に定めるものを除き、物の引渡しを要する請負契約にあってはその目的物の全部を完成して相手方に引き渡した日、物の引渡しを要しない請負契約にあってはその約した役務の全部を完了した日の属する事業年度の益金の額に算入する。
	（建設工事等の引渡しの日の判定）
2−1−6 削除	2−1−6 2−1−5の場合において、請負契約の内容が建設、造船その他これらに類する工事（以下2−1−9までにおいて「建設工事等」という。）を行うことを目的とするものであるときは、その建設工事等の引渡しの日がいつであるかについては、例えば作業を結了した日、相手方の受入場所へ搬入した日、相手方が検収を完了した日、相手方において使用収益ができることとなった日等当該建設工事等の種類及び性質、契約の内容等に応じてその引渡しの日として合理的であると認められる日のうち法人が継続してその引渡しの日とすることとしている日によるものとする。

改正後	改正前
2-1-7 削除	（工事代金の額が確定していない場合の見積り） 2-1-7 2-1-4は、当該事業年度において完成して引き渡した建設工事等に係る工事代金の額が当該事業年度終了の日までに確定していない場合について準用する。
2-1-8 削除	（値増金の益金算入の時期） 2-1-8 法人が請け負った建設工事等に係る工事代金につき資材の値上がり等に応じて一定の値増金を収入することが契約において定められている場合には、その収入すべき値増金の額はその建設工事等の引渡しの日の属する事業年度の益金の額に算入するのであるが、相手方との協議によりその収入すべき金額が確定した値増金については、その収入すべき金額が確定した日の属する事業年度の益金の額に算入する。
2-1-9 削除	（部分完成基準による収益の帰属時期の特例） 2-1-9 法人が請け負った建設工事等（法第64条第1項（長期大規模工事の請負に係る収益及び費用の帰属事業年度）の規定の適用があるもの及び同条第2項（長期大規模工事以外の工事の請負に係る収益及び費用の帰属事業年度）の規定の適用を受けるものを除く。以下「2-1-9において同じ。」）について、次に掲げるような事実がある場合には、その建設工事等の全部が完成しないときにおいても、その事業年度において引き渡した建設工事等の量又は完成した部分に対応する工事収入をその事業年度の益金の額に算入する。 (1) 一の契約に従い同種の建設工事等を多量に請け負ったような場合で、その引渡量に従い工事代金を収入する旨の特約又は慣習がある場合 (2) 1個の建設工事等であっても、その建設工事等の一部が完成し、その完成した部分を引き渡した都度その割合に応じて工事代金を収入する旨の特約又は

162　第4章　法人税基本通達（抄）

改 正 後	改 正 前
2−1−10 削除 2−1−11 削除	（機械設備等の販売に伴い据付工事を行った場合の収益の帰属時期の特例） は慣習がある場合 2−1−10 法人が機械設備等の販売（法第64条第1項（長期大規模工事の請負に係る収益及び費用の帰属事業年度）の規定の適用があるもの及び同条第2項に係る収益及び費用の帰属事業年度）の規定の適用を受けるものを除く。以下2−1−10において同じ。）をしたことに伴いその据付工事を行った場合において、その据付工事が相当の規模のものであり、その据付工事に係る対価の額の他に合理的に区分することができるときは、機械設備等の販売代金の額に基づいて据付工事に係る対価の額とを区分し、それぞれにつき2−1−1又は2−1−5により収益計上を行うことができるものとする。 （注） 法人がこの取扱いによらない場合には、据付工事に係る対価の額を含む全体の販売代金について2−1−1による。 （不動産の仲介あっせん報酬の帰属の時期） 2−1−11 土地、建物等の売買、交換又は貸借（以下2−1−11において「売買等」という。）の仲介又はあっせんをしたことにより受ける報酬の額は、原則としてその売買等に係る契約の効力が発生した日の属する事業年度の益金の額に算入する。ただし、法人が、売買又は交換の仲介又はあっせんをしたことにより受ける報酬の額について、継続して当該契約の完了した日（同日前に実際に収受した報酬の額がある取引については、その収受した日）の属する事業年度の益金の額に算入しているときは、当該金額については、これを認める。 （技術役務の提供に係る報酬の帰属の時期）

■資料　法人税基本通達の一部改正（新旧対照表）（抄）

改正前	改正後
2－1－12 設計、作業の指揮監督、技術指導その他の技術役務の提供を行ったことにより受ける報酬の額は、原則としてその約した役務の全部の提供を完了した日の属する事業年度の益金の額に算入するのであるが、その技術役務の提供に当たり次に掲げるような事実があるときは、その支払を受けるべき報酬の額が確定する都度その確定した金額をその確定した日の属する事業年度の益金の額に算入するものとする。ただし、その支払を受けることが確定した金額のうち役務の全部の提供が完了する日又は支払を受けることとされている日のいずれか早い日まで収益計上を見合わせることができる。 (1) 報酬の額が現地に派遣する技術者等の数及び滞在期間の日数等により算定され、かつ、一定の期間ごとにその金額を確定させて支払を受けることとなっている場合 (2) 例えば基本設計に係る報酬の額と部分設計に係る報酬の額が区分され、かつ、それぞれの段階の作業が完了する都度その金額を確定させて支払を受けることとなっている場合 (注) 技術役務の提供に係る契約に関連してその着手費用に充当する目的で相手方から収受する仕度金、着手金等の額は、原則としてその役務の全部の提供を完了した日の属する事業年度の益金の額に算入する。ただし、法人が、後日精算して剰余金があれば返還することとなっているものを除き、その収受した日の属する事業年度の益金の額に算入する。 （運送収入の帰属の時期） 2－1－13 運送業における運送収入の額は、原則としてその運送に係る役務の提供を完了した日の属する事業年度の益金の額に算入する。ただし、法人が、	2－1－12 削 除 2－1－13 削 除

164　第4章　法人税基本通達（抄）

改正前

運送契約の種類、性質、内容等に応じ、例えば次に掲げるような方法のうちその運送収入に係る収益の計上基準として合理的であると認められるものにより継続してその収入の計上を行っている場合には、これを認める。

(1) 乗車券、乗船券、搭乗券等を発売した時（自動販売機によるものについては、その発売に係る運送収入の額を収益計上する方法

(2) 船舶、航空機等が積地を出発した日に当該船舶、航空機等に積載した貨物又は乗車に係る運送収入の額を収益計上する方法

(3) 一の航海（船舶が発港地を出発してから帰港地に到着するまでの航海をいう。以下2－1－13において同じ。）に通常要する期間がおおむね4月以内である場合において、当該一の航海に係る運送収入の額を当該一の航海の完了した日に収益計上する方法

(4) 一の運送に通常要する期間又は運送を約した期間の経過に応じて日割又は月割等によりその運送収入の額を収益計上する方法

(追1) 運送業を営む2以上の法人が運賃の交互計算又は共同計算を行っている場合における当該交互計算又は共同計算により当該2以上の法人が配分を受けるべき収益の額については、その配分が確定した日の属する事業年度の益金の額に算入することができる。

2 海上運送業を営む法人が船舶による運送に関連して受入いする帳鋼料又は早出料については、その額が確定した日の属する事業年度の益金の額又は損金の額に算入することができる。

第3款 固定資産の譲渡等による収益

（固定資産の譲渡による収益の帰属の時期）

2－1－14 固定資産の譲渡に係る収益の額は、別に定めるものを除き、その引

改正後

（廃止）

（固定資産の譲渡による収益の帰属の時期）

2－1－14 固定資産の譲渡に係る収益の額は、別に定めるものを除き、その引

■資料 法人税基本通達の一部改正（新旧対照表）（抄）

改正後	改正前
渡しがあった日の属する事業年度の益金の額に算入する。ただし、その固定資産が土地、建物その他これらに類する資産であるため、法人が当該固定資産の譲渡に関する契約の効力発生の日に近接する日に該当するものとして、法第22条の2第2項（収益の額）の規定を適用する。 （注）...... （農地の譲渡に係る収益の帰属時期の特例） 2－1－15 農地の譲渡があった場合において、当該農地の譲渡に関する契約がその農地の譲渡に関するものであるため、農地法上の許可を受けなければその効力を生じないものであるため、当該許可のあった日に近接する日に該当するものとして、法第22条の2第2項（収益の額）の規定を適用する。 ......譲渡に係る収益の額を金の額に算入する時期...... ... （注）...... （工業所有権等の譲渡等に係る収益の帰属の時期） 2－1－16 工業所有権等（特許権、実用新案権、意匠権及び商標権並びにこれらの権利に係る出願権及び実施権をいう。以下この節において同じ。）の譲渡又は実施権の設定により受ける対価（使用料を除く。以下2－1－16において同じ。）の額は、原則としてその譲渡又は実施権の設定に関する契約の効力発生の日に近接する日に該当するものとして、法第22条の2第2項（収益の額）の規定を適用する。 (1) その譲渡に関する契約の効力発生の日 (2) その譲渡の効力が登録により生ずることとなっている場合におけるその登	渡しがあった日の属する事業年度の益金の額に算入する。ただし、その固定資産が土地、建物その他これらに類する資産であるため、法人が当該固定資産の譲渡に関する契約の効力発生の日の属する事業年度の益金の額に算入しているときは、これを認める。 （注）...... （農地の譲渡に係る収益の帰属時期の特例） 2－1－15 農地の譲渡があった場合において、当該農地の譲渡に関する契約がその農地の譲渡に関するものであるため、農地法上の許可を受けなければその効力を生じないものであるため、当該許可のあった日に収益の額を計上しているときは、これを認める。 ......譲渡に係る収益の計上上時期...... （注）...... （工業所有権等の譲渡等による収益の帰属の時期） 2－1－16 工業所有権等（特許権、実用新案権、意匠権及び商標権並びにこれらの権利に係る出願権及び実施権をいう。以下この節において同じ。）の譲渡又は実施権の設定により受ける対価（使用料を除く。以下2－1－16において同じ。）の額は、原則としてその譲渡又は実施権の設定に関する契約の効力発生の日の属する事業年度の益金の額に算入する。ただし、その譲渡又は設定の効力が登録により生ずることとなっている場合において、法人がその登録の日の属する事業年度の益金の額に算入しているときは、これを認める。

改　正　後	改　正　前
録の日	(注) その対価の額がその契約の効力発生の日以後一定期間内に支払を受けるべき使用料の額に充当されることとなっている場合であっても、当該事業年度終了の日において未だ使用料の額に充当されていない部分の金額を前受金等として繰り延べることはできないことに留意する。
2-1-17 削　除	〔ノーハウの頭金等の帰属の時期〕 2-1-17 ノーハウの開示を完了して支払を受ける一時金又は頭金の額は、当該ノーハウの開示をする日の属する事業年度の益金の額に算入する。ただし、ノーハウの開示が2回以上にわたって分割して行われ、かつ、その一時金又は頭金の支払がほぼこれに見合って分割して行われることとなっている場合には、その開示をした都度これに見合って支払を受けるべき金額をその開示をした日の属する事業年度の益金の額に算入する。 (注)1 その一時金又は頭金の開示のために現地に派遣する技術者等の数及び滞在期間の日数等により算定され、一定の期間ごとにその金額を確定させて支払を受けることとなっている場合には、その支払を受けるべき金額が確定する都度その確定した日の属する事業年度の益金の額に算入する。 2 ノーハウの設定契約の締結に先立って、相手方に契約締結の選択権を付与するために支払を受けるいわゆるオプション料については、その支払を受けた日の属する事業年度の益金の額に算入する。 3 2-1-16の(注)は、ノーハウの設定契約に際して支払を受ける一時金又は頭金について準用する。 (新　設)

第3款　役務の提供に係る収益

改正後	改正前
（履行義務が一定の期間にわたり充足されるものに係る収益の帰属の時期） ２－１－21の２　役務の提供（法第64条第１項《長期大規模工事の請負に係る収益及び費用の帰属事業年度》の規定の適用があるもの及び同条第２項《長期大規模工事以外の工事の請負に係る収益及び費用の帰属事業年度》の規定の適用を受けるものを除き、平成30年３月30日付企業会計基準第29号「収益認識に関する会計基準」の適用対象となる取引に限る。以下２－１－21の３までにおいて同じ。）のうちその履行義務が一定の期間にわたり充足されるもの（以下２－１－30までにおいて「履行義務が一定の期間にわたり充足されるもの」という。）については、その履行に着手した日から引渡し等の日（物の引渡しを要する取引にあってはその目的物の全部を完成して相手方に引き渡した日をいい、物の引渡しを要しない取引にあってはその約した役務の全部を完了した日をいう。以下２－１－21の７までにおいて同じ。）までの期間において履行義務が充足されていくそれぞれの日が法第22条の２第１項《収益の額》に規定する役務の提供の額に該当し、その収益の額は、その履行義務が充足されていくそれぞれの日の属する事業年度の益金の額に算入されることに留意する。	（新　設）
（履行義務が一時点で充足されるものに係る収益の帰属の時期） ２－１－21の３　役務の提供のうち履行義務が一定の期間にわたり充足されるもの以外のもの（以下２－１－30において「履行義務が一時点で充足されるもの」という。）については、その引渡し等の日が法第22条の２第１項《収益の額》に規定する役務の提供の額に該当し、その収益の額は、引渡し等の日の属する事業年度の益金の額に算入されることに留意する。	（新　設）
（履行義務が一定の期間にわたり充足されるもの） ２－１－21の４　次のいずれかを満たすものは履行義務が一定の期間にわたり充	（新　設）

改正後	改正前
足されるものに該当する。 ⑴ 取引における義務を履行するにつれて、相手方が便益を享受すること。 　㊀ 例えば、清掃サービスなどの日常的な又は反復的なサービスはこれに該当する。 ⑵ 取引における義務を履行することにより、資産が生じ、又は資産の価値が増加し、その資産が生じ、又は資産の価値が増加するにつれて、相手方がその資産を支配すること。 　㊀ 上記の資産を支配することとは、当該資産の使用を指図し、当該資産からの残りの便益のほとんど全てを享受する能力（他の者が当該資産の使用を指図して当該資産から便益を享受することを妨げる能力を含む。）を有することをいう。 ⑶ 次の要件のいずれも満たすこと。 　イ 取引における義務を履行することにより、別の用途に転用することができない資産が生じること。 　ロ 取引における義務の履行を完了した部分について、対価の額を収受する強制力のある権利を有していること。 （新　設） 【履行義務が一定の期間にわたり充足されるものに係る収益の額の算定の通則】 2－1－21の5　履行義務が一定の期間にわたり充足される事業年度の属するその履行に着手した日の属する事業年度から引渡し等の日の属する事業年度の前事業年度までの各事業年度の所得の金額の計算上算入する収益の額は、別に定めるものを除き、提供する役務につき通常得べき対価の額に相当する金額に当該各事業年度終了の時における履行義務の充足に係る進捗度を乗じて計算した金額から、当該各事業年度前の各事業年度の収益の額として計算した金額を控除した金額とする。	

改正後	改正前

注1　本文の取扱いは、履行義務の充足に係る進捗度を合理的に見積もることができる場合に限り適用する。

注2　履行義務の充足に係る進捗度を合理的に見積もることができない場合において、当該履行義務を充足する際に発生する原価の額を回収することが見込まれる場合には、当該履行義務の充足に係る進捗度を合理的に見積もることとなる時まで、履行義務を充足する際に発生する原価のうち回収することが見込まれる原価の額をもって当該事業年度の収益の額とする。

注3　注2にかかわらず、履行義務に着手した後の初期段階において、履行義務の充足に係る進捗度を合理的に見積もることができない場合には、その収益の額を益金の額に算入しないことができる。

【履行義務の充足に係る進捗度】

2－1－21の6　2－1－21の5の「履行義務の充足に係る進捗度」とは、役務の提供に係る原価の額の合計額のうちにその役務の提供のために既に要した原材料費、労務費その他の経費の額の合計額の占める割合その他の履行義務の進捗の度合を示すものとして合理的と認められるものに基づいて計算した割合をいう。

注1　2－1－21の4(1)⑲の日常的又は反復的なサービスの場合には、例えば、契約期間の全体のうち、当該事業年度終了の日までに既に経過した期間の占める割合は、履行義務の進捗の度合を示すものとして合理的と認められるものに該当する。

注2　本文の既に要した原材料費、労務費その他の経費の額のうちに、履行義務の充足に係る進捗度に寄与しない又は比例しないものがある場合には、その金額を進捗度の見積りには反映させないことができる。

（新　設）

改正後	改正前
（請負に係る収益の帰属の時期） ２－１－21の７　請負（法第64条第１項（長期大規模工事の請負に係る収益及び費用の帰属事業年度）の規定の適用があるもの及び同条第２項（長期大規模工事以外の工事の請負に係る収益及び費用の帰属事業年度）の規定の適用を受けるものを除く。以下２－１－21の７において同じ。）について、別に定めるものを除き、２－１－21の２及び２－１－21の３にかかわらず、その引渡し等の日が法第22条の２第１項（収益の額）に規定する役務の提供の日に該当しても、その収益の額は、原則として引渡し等の日の属する事業年度の益金の額に算入されることに留意する。ただし、当該請負が２－１－21の４(1)から(3)までのいずれかを満たす場合において、その請負に係る履行義務が充足されていくそれぞれの日の属する事業年度において２－１－21の５に準じて算定される額を益金の額に算入しているときは、これを認める。 (注)１　例えば、委任事務又は準委任事務の履行により得られる成果に対して報酬を支払うことを約している場合についても同様とする。 　２　２－１－21の４の取扱いを適用する場合には、その事業年度において引き渡した建設工事等の量又は完成した部分に対応する工事代金の額をその事業年度の益金の額に算入する。 **（建設工事等の引渡しの日の判定）** ２－１－21の８　２－１－21の７本文の場合において、請負契約の内容が建設工事等を行うことを目的とするものであるときは、その建設工事等の引渡しの日がいつであるかについては、例えば作業を結了した日、相手方の受入場所へ搬入した日、相手方が検収を完了した日、相手方において使用収益ができることとなった日等当該建設工事等の種類及び性質、契約の内容等に応じてその引渡し	（新設） （新設）

改　　正　　後	改　　正　　前

改正後:

の日として合理的であると認められる日のうち法人が継続してその収益計上を行うこととしている日によるものとする。

<u>（不動産の仲介あっせん報酬の帰属の時期）</u>

<u>2-1-21の9　土地、建物等の売買、交換又は賃借（以下2-1-21の9において「売買等」という。）の仲介又はあっせんをしたことによる報酬の額は、その履行義務が一定の期間にわたり充足されるものに該当する場合（2-1-21の7本文の取扱いを適用する場合を除く。）を除き、原則としてその売買等に係る契約の効力が発生した日の属する事業年度の益金の額に算入する。ただし、法人が、売買又は交換の仲介又はあっせんをしたことにより受ける報酬の額について、継続して当該契約に係る取引の完了した日（同日前に実際に収受した金額があるときは、当該金額については、その収受した日。以下2-1-21の9において同じ。）において収益計上を行っている場合には、当該完了した日は、その役務の提供の日に近接する日に該当するものとして、法第22条の2第2項（収益の額）の規定を適用する。</u>

<u>（技術役務の提供に係る報酬の帰属の時期）</u>

<u>2-1-21の10　設計、作業の指揮監督、技術指導その他の技術役務の提供を行ったことにより受ける報酬の額は、その履行義務が一定の期間にわたり充足されるものに該当する場合（2-1-21の7本文の取扱いを適用する場合を除く。）を除き、原則としてその約した役務の全部の提供を完了した日の属する事業年度の益金の額に算入するが、2-1-21の5の取扱いを適用する場合には、その支払を受けるべき報酬の額が確定する都度その確定した都度その確定した日の属する事業年度の益金の額に算入する。ただし、その支払を受けることが確定した金額のうち役務の全部の提供が完了する日まで又は1</u>

（新　設）

（新　設）

改正前　　　改正後

（新　設）

年を超える相当の期間が経過する日まで支払を受けることができないこととされている部分の金額については、その完了する日とその支払を受ける日とのいずれか早い日までにその報酬の額を益金の額に算入させることができる。

（運送収入の帰属の時期）

2－1－21の11　運送業における運送収入の額は、その履行義務が一定の期間にわたり充足されるものに該当する場合（2－1－21の7本文の取扱いを適用する場合を除き、原則としてその運送に係る役務の提供を完了した日の属する事業年度の益金の額に算入する。ただし、法人が、運送契約の種類、性質、内容等に応じ、例えば次に掲げるような方法のうちその運送収入に係る収益の計上基準として合理的であると認められるものにより継続してその収益の計上を行っている場合には、当該計上基準により合理的と認められる日は、その運送収入に係る役務の提供の日に近接する日に該当するものとして、法第22条の2第2項（収益の額）の規定を適用する。

(1) 乗車券、乗船券、搭乗券等を発売した日（自動販売機によるものについては、その集金をした時）にその発売に係る運送収入の額につき収益計上を行う方法

(2) 船舶、航空機等が積地を出発した日に当該船舶、航空機等に積載した貨物又は乗客に係る運送収入の額につき収益計上を行う方法

(3) 一の航海（船舶が発港地を出発してから帰港地に到着するまでの航海をいう。以下2－1－21の11において同じ。）に通常要する期間がおおむね4月以内である場合において、当該一の航海に係る運送収入の額につき当該一の航海を完了した日に収益計上を行う方法

(4) 運送業を営む2以上の法人が運賃の交互計算又は共同計算を行っている場

■資料　法人税基本通達の一部改正（新旧対照表）（抄）　173

改正前	改正後
第4款　短期売買商品の譲渡に係る損益 （短期売買商品の譲渡損益及び計上時期の特例） 2-1-21の2　短期売買商品（法第61条第1項（短期売買商品の譲渡損益及び時価評価損益の益金又は損金算入）に規定する短期売買商品をいう。以下2-1-21の3までにおいて同じ。）の譲渡損益の額（同項に規定する譲渡利益額又は譲渡損失額をいう。以下2-1-21の2において同じ。）は、原則として、法人が当該譲渡に係る契約の成立した日に計上しなければならないのであるが、法人が当該譲渡に係る短期売買商品の引渡しのあった日において未計上となっている短期売買商品の譲渡損益の額（事業年度終了の日において未引渡しとなっている短期売買商品に係る譲渡損益の額を除く。）をその短期売買商品の引渡しのあった日に計上している場合には、これを認める。 （注）1　……… 　　　2　……… （短期売買業務の廃止に伴う短期売買商品から短期売買商品以外の資産への変更） 2-1-21の3	合における当該交互計算又は共同計算によりその配分が確定した日に収益計上を行う方法 (5)　海上運送業を営む法人が船舶による運送に関連して受払いする滞船料について、その額が確定した日に収益計上又は費用計上を行う方法 （注）早出料については、その額が確定した日の属する事業年度の損金の額に算入することができる。 　　第4款　短期売買商品の譲渡に係る損益 （短期売買商品の譲渡損益及び計上時期の特例） 2-1-21の12　短期売買商品（法第61条第1項（短期売買商品の譲渡損益及び時価評価損益の益金又は損金算入）に規定する短期売買商品をいう。以下2-1-21の13までにおいて同じ。）の譲渡損益の額（同項に規定する譲渡利益額又は譲渡損失額をいう。以下2-1-21の12において同じ。）は、原則として、法人が当該譲渡に係る契約の成立した日の属する事業年度の益金の額に算入するのであるが、法人が当該譲渡に係る短期売買商品の引渡しのあった日（事業年度終了の日において未引渡しとなっている短期売買商品の譲渡損益の額を除く。）をその短期売買商品の引渡しのあった日の属する事業年度の益金の額に算入している場合には、これを認める。 （注）1　……… 　　　2　……… （短期売買業務の廃止に伴う短期売買商品から短期売買商品以外の資産への変更） 2-1-21の13

改正後	改正前
（貸付金利子等の帰属の時期） 2-1-24 …………… (山1) …………… 2 資産の販売等に伴い発生する売上債権（受取手形等を含む。）又はその他の金銭債権について、その現在価値と当該債権に含まれる金利要素とを区分経理している場合の当該金利要素に相当する部分の金額は、2-1-1の8又は2-1-1の9の取扱いを適用する場合を除き、当該債権の発生の基となる資産の販売等に係る売上の額等に含まれることに留意する。	（貸付金利子等の帰属の時期） 2-1-24 …………… (山1) …………… 2 資産の販売等に伴い発生する売上債権（受取手形等を含む。）又はその他の金銭債権について、その現在価値と当該債権に含まれる金利要素とを区分経理している場合の当該金利要素に相当する部分の金額は、当該債権の発生の基となる資産の販売等に係る売上の額等に含まれることに留意する。
（賃貸借契約に基づく使用料等の帰属の時期） 2-1-29 資産の賃貸借（金融商品（平成20年3月10日付企業会計基準第10号「金融商品に関する会計基準」に係る会計基準の適用対象となる資産、負債及びデリバティブ取引をいう。）に係る取引及び法第64条の2第3項（リース取引に係る所得の金額の計算）に規定するリース取引に該当するものを除く。以下この章において同じ。）は、履行義務が一定の期間にわたり充足されるものに該当し、その収益の額は2-1-21の2の事業年度の益金の額に算入する。ただし、資産の賃貸借契約に基づいて支払を受ける使用料等の額（前受けに係る額を除く。）について、当該契約又は慣習によりその支払を受けるべき日において収益計上を行っている場合には、その支払を受けるべき日は、その資産の賃貸借に係る役務の提供の日に近接する日として、法第22条の2第2項（収益の額）の規定を適用する。 (山1 当該賃貸借契約について係争（使用料等の額の増減に関するものを除く。）があるためにその支払を受けていないときは、相手方が供託をしたかどうかにかかわらず、その係争が解決して当該使用料等の額が確定し、その	（賃貸借契約に基づく使用料等の帰属の時期） 2-1-29 資産の賃貸借契約に基づいて支払を受ける使用料等の額は、前受けに係る額を除き、当該契約又は慣習によりその支払を受けるべき日の属する事業年度の益金の額に算入する。ただし、当該使用料等の額の増減に関する契約の内容が未確定であるため、当該事業年度終了の日までにその使用料等の額が確定していないときは、相手方が供託をしたかどうかにかかわらず、その係争が解決してその支払を受けることとなるまでその収益計上を見合わせることができるものとする。

改正後			改正前		
改	正	後	改	正	前

改正後

支払を受けることとなるまで当該使用料等の額を益金の額に算入することを見合わせることができるものとする。

2　使用料等の額の増減に関して係争がある場合には⒄1の取扱いによらないのであるが、この場合には、契約の内容、相手方が供託をした金額等を勘案してその使用料等の額を合理的に見積るものとする。

3　収入すべき金額が期間の経過に応じて定まっている資産の賃借に係る収益の額の算定に要する2-1-21の6の進捗度の見積りに使用されるのに適切な指標は、通常は経過期間となるため、その収益は毎事業年度定額で益金の額に算入されることになる。

（知的財産のライセンスの供与に係る収益の帰属の時期）

2-1-30　知的財産のライセンスの供与に係る収益の額については、次に掲げる知的財産のライセンスの性質に応じ、それぞれ次に定める取引に該当するものとして、2-1-21の2及び2-1-21の3の取扱いを適用する。

(1)　ライセンス期間にわたり存在する法人の知的財産にアクセスする権利　履行義務が一定の期間にわたり充足されるもの

(2)　ライセンスが供与される時点で存在する法人の知的財産を使用する権利　履行義務が一時点で充足されるもの

（工業所有権等の実施権の設定に係る収益の帰属の時期）

2-1-30の2　工業所有権等の実施権の設定により受ける対価（使用料を除く。）の額につき法人が次に掲げる日において収益計上を行っている場合には、2-1-21の2及び2-1-21の3にかかわらず、次に掲げる日はその実施権の設定に係る役務の提供の日に近接する日に該当するものとして、法第22条の2第2項（収益の額）の規定を適用する。

改正前

⒄　使用料等の額の増減に関して係争がある場合には本文の取扱いによるのであるが、この場合には、契約の内容、相手方が供託をした金額等を勘案してその使用料等の額を合理的に見積るものとする。

（新　設）

（新　設）

改　正　後	改　正　前
(1) その設定に関する契約の効力発生の日 (2) その設定の効力が登録により生ずることとなっている場合におけるその登録の日 （ノウハウの頭金等の帰属の時期） 2－1－30の3　ノウハウの設定契約に際して支払（返金が不要な支払を除く。）を受ける一時金又は頭金に係る収益の額は、2－1－21の2及び2－1－21の3にかかわらず、当該ノウハウの開示を完了した日の属する事業年度の益金の額に算入する。ただし、2－1－1の6本文の取扱いを適用する場合には、その開示をした都度これに見合って支払を受けるべき金額をその開示をした日の属する事業年度の益金の額に算入する。 (注)1　2－1－1の6他1の取扱いを適用する場合には、その一時金又は頭金の支払を受けるべき金額が確定する都度その確定した金額をその確定した日の属する事業年度の益金の額に算入する。 2　2－1－1の6他2の取扱いを適用する場合には、ノウハウの設定契約の締結に先立って、相手方に契約締結の選択権を付与するために支払を受けるいわゆるオプション料の額については、その支払を受けた日の属する事業年度の益金の額に算入する。 （知的財産のライセンスの供与に係る売上高等に基づく使用料に係る収益の帰属の時期） 2－1－30の4　知的財産が使用料が知的財産のライセンスの供与に対して受け取る売上高又は使用料に基づく使用料が知的財産のライセンスのみに関連している場合又は当該使用料において知的財産のライセンスが主な項目である場合には、2－1－1の11の取扱いは適用せず、2－1－21の2及び2－1－21の3にかかわらず、次	（新　設） （新　設）

■資料　法人税基本通達の一部改正（新旧対照表）（抄）　177

改正後	改正前
（工業所有権等の使用料の帰属の時期） 2－1－30　工業所有権等の使用料は、ノーハウを他の者に使用させたことにより支払を受ける使用料の額は、その額が確定した日の属する事業年度の益金の額に算入する。ただし、法人が継続して契約により当該使用料の額の支払を受けることとなっている日の属する事業年度の益金の額に算入しているときは、これを認める。 （送金が許可されない利子、配当等の帰属時期の特例） 2－1－31　国外の者から支払を受ける貸付金の利子、剰余金の配当等又は工業所有権等若しくはノーハウの使用料（措置法第66条の6第1項《内国法人に係る特定外国子会社等の課税対象金額等の益金算入》に規定する特定外国子会社等又は第66条の9の2第1項《特殊関係株主等である特定外国法人に係る特定外国法人から受けるこれらの課税対象金額等の益金算入》に規定する特殊関係株主等である内国法人が措置法第66条の9の2第1項において「国外からの利子、配当等」という。）について、現地の外貨その他やむを得ない事由によりその送金が許可されないため、長期（おおむね2年以上）にわたりその支払を受けることができないと認められる事情がある場合には、その送金が許可されることとなる日までその収益計上を見合わせることができるものとする。……	に掲げる日のうちいずれか遅い日の属する事業年度において当該使用料についての収益の額を益金の額に算入する。 (1)　知的財産のライセンスに関連して相手方が売上高を計上する日又は相手方が知的財産のライセンスを使用する日 (2)　当該使用料に係る使用料の全部又は一部が完了する日 （工業所有権等の使用料の帰属の時期） 2－1－30の5　2－1－21の2及び2－1－21の3並びに2－1－30の4〔から〕2－1－30の4〔か〕らず、工業所有権等又はノーハウを他の者に使用させたことにより支払を受ける使用料の額について、法人が継続して契約により当該使用料の額の支払を受けることとなっている日において収益計上を行っている場合には、当該支払を受けることとなっている日は、その役務の提供の日に近接する日に該当するものとして、法第22条の2第2項（収益の額）の規定を適用する。 （送金が許可されない利子、配当等の帰属の時期の特例） 2－1－31　国外の者から支払を受ける貸付金の利子、剰余金の配当等又は工業所有権等若しくはノーハウの使用料（措置法第66条の6第1項第6号《内国法人の外国関係会社に係る所得の課税の特例》に掲げる内国法人に係る内国法人等である特殊関係株主等（措置法第66条の9の2第1項《特殊関係株主等である特定外国法人に係る特定外国法人から受けるこれらの課税対象金額等の益金算入》）第6項、第8項、第6項若しくは第8項の規定又は措置法第66条の9の2第1項、第6項若しくは第8項の規定の適用を受ける場合は、これらの内国法人に係る外国関係会社（措置法第66条の6第2項第1号に規定する定める外国関係会社をいい）又は外国関係法人（措置法第66条の9の2第1項に規定する外国関係会社をいう。以下2－1－31においてこれらを受けることとなる日…）人をいう。）から受けるこれらのものをいう。以下2－1－31において「国外…

改正後	改正前
からの利子、配当等」という。）について、現地の外貨事情その他やむを得ない事由により、その送金が許可されないため、長期（おおむね2年以上）にわたりその支払を受けることができないと認められる事情がある場合には、その送金が許可されることとなる日までその国外からの利子、配当等を金の額に算入することを見合せることができるものとする。 　（注）………	
(デリバティブ取引に係る契約に基づく資産の取得による損益の計上) 2－1－35　……… 　……金融商品……… 　（注）1　……… 　　　　2　………	**(デリバティブ取引に係る契約に基づく資産の取得による損益の計上)** 2－1－35　……… 　……金融商品（平成20年3月10日付企業会計基準第10号「金融商品に関する会計基準」の適用対象となる資産、負債及びデリバティブ取引をいう。）以下この章において同じ。 　（注）1 　　　　2
(商品引換券等の発行に係る収益の帰属の時期) 2－1－39　法人が商品の引渡し又は役務の提供（以下2－1－39の2までにおいて「商品の引渡し等」という。）を約した証券等（以下2－1－39において「商品引換券等」という。）を発行するとともにその対価の支払を受ける場合（商品引換券等と引換えに行うその商品の引渡し等（その商品の引渡し等を行うこととなっている場合における当該商品引換券等と引換えにする金銭の支払を含む。以下2－1－39において同じ。）に算入する日の属する事業年度の益金の額に算入する。ただし、その商品引換券等の発行のあった日の属する事業年度の益金の額（適格合併、適格分割又は適格現物出資（以下この項において「適格組織再編成」という。）により当該商品引換券等に係る契	**(商品引換券等の発行に係る収益の帰属の時期)** 2－1－39　法人が商品の引渡し又は役務の提供（以下2－1－39において「商品の引渡し等」という。）を約した証券等（以下2－1－39において「商品引換券等」という。）を発行するとともにその対価を受領した場合における当該対価の額は、その商品の引渡し等を行った日の属する事業年度の益金の額に算入する。ただし、法人が、商品引換券等（その発行に係る対価の額をその発行の日の属する事業年度ごとに区分して管理するものに限る。）の発行に係る他の者に商品の引渡し等を行う場合における当該商品引換券等と引換えにする金銭の支払を含む。以下2－1－39において同じ。）に応じてその商品の引渡しのあった日の収益に係

改正後	改正前
約の移転を受けたものである場合にあっては、当該移転をした日（同日前に当該商品引換券等を発行した日）から10年が経過した日（以下2－1－39の2において「10年経過日等」という。）の属する事業年度終了の時において商品の引渡し等を完了していない商品引換券等がある場合には、当該商品引換券等に係る対価の額（2－1－39の2の適用を受けて益金の額に算入された部分の金額を除く。）を当該事業年度の益金の額に算入する。 (1) 法人が発行した商品引換券等をその発行に係る事業年度ごとに区分して管理しないこと又は管理しなくなったこと。 (2) その商品引換券等の有効期限が到来すること。 (3) 法人が継続して収益計上を行うこととしている基準に達したこと。 (注) 例えば、発行日から一定年数が経過したこと、商品引換券等の発行総数に占めるその未引換券の数の割合が一定割合に達したこととその他の合理的に定められた基準のうち法人があらかじめ定めたもの（会計処理方針その他のものによって明らかとなっているものに限る。）がこれに該当する。 （非行使部分に係る収益の帰属の時期） 2－1－39の2　法人が商品引換券等を発行するとともにその対価の支払を受けた場合において、その商品引換券等に係る権利のうち相手方が行使しないと見込まれる部分の金額（以下2－1－39の2において「非行使部分」という。）がある場合には、その商品引換券等の発行の日から10年経過日等の属する事業年	計上し、その発行に係る事業年度（適格合併、適格分割又は適格現物出資（以下この章において「適格組織再編成」という。）により当該商品引換券等に係る発行法人の発行る契約の移転を受けたものである場合にあっては、当該移転をした日（同日前に有効期限が到来するものについては、その有効期限の翌日とする。）の属する事業年度終了の日において商品の引渡し等をしていない商品引換券等に係る対価の額を当該事業年度終了の日前に商品の引渡し等をしていないことにつきあらかじめ商品引換券等の確認を受けている場合には、その限りで当該課税所轄税務署長（国税局の調査課所管法人にあっては、所轄国税局長）の確認を受けるとともに、その確認を受けたところにより継続して収益計上を行っている場合には、この限りでない。 （新　設）

改正後	改正前
	（新　設）

度までの各事業年度においては、当該非行使部分に係る対価の額に権利行使割合（相手方が行使すると見込まれる部分の金額のうちに実際に行使された金額の占める割合をいう。）を乗じて得た金額から既にこの取扱いに基づき益金の額に算入された金額を控除する方法その他のこれに準じた合理的な方法に基づき計算された金額を益金の額に算入することができる。

(注)1　本文の非行使部分の見積りを行う場合には、過去における権利の不行使の実績を基礎とする等合理的な方法により見積もられたものであること及びその算定の根拠となる書類を保存していること。

2　10年経過日等の属する事業年度において、非行使部分に係る対価の額のうち本文により益金の額に算入されていない残額を益金の額に算入することとなることに留意する。

（自己発行ポイント等の付与に係る収益の帰属の時期）

2-1-39の3　法人が2-1-1の7の取扱いを適用する場合には、前受けとした額と、将来の資産の販売等に際して値引き等（自己発行ポイント等に係る将来の資産の販売等を他の者が行うこととなっている場合における当該自己発行ポイント等と引換えにする金銭の支払を含む。以下2-1-39の3において同じ。）をすることに応じて、その失効をすると見積もられる事業年度の益金の額に算入するとともに、その値引き等をする日の属する事業年度の付与の日（適格組織再編成により当該自己発行ポイント等に係る契約の移転を受けたものであっては、当該自己発行ポイント等を当該法人が当該自己発行ポイント等を付与した日）から10年が経過した日（同日前に次に掲げる事実が生じた場合には、当該事実が生じた日）の属する事業年度終了の時において行使されずに未計上となっている自己発行ポイント等に係る前受けの額を当該事業年

182　第4章　法人税基本通達（抄）

改正後	改正前
度の益金の額に算入する。 (1) 法人が付与した自己発行ポイント等をその付与に係る事業年度ごとに区分して管理しないこと又は管理しなくなったこと。 (2) その自己発行ポイント等の有効期限が到来すること。 (3) 法人が継続して収益計上を行うこととしている基準に達したこと。 (注1) 本文の失効をすると見積もられる自己発行ポイント等の勘案を行う場合には、過去における失効の実績を基礎とする等合理的な方法により見積もられたものであること及びその算定の根拠となる書類が保存されていることを要する。 (注2) 例えば、付与日から一定年数が経過したこと、自己発行ポイント等の付与総数に占めるその未行使の数の割合が一定割合になったこと等その他の合理的に定められた基準のうち法人が予め定めたもの（会計処理方針その他のものによって明らかとなっているものに限る。）が上記(3)の基準に該当する。 （返金不要の支払の帰属の時期） 2－1－40の2　法人が、資産の販売等に係る取引を開始するに際して、相手方から中途解約のいかんにかかわらず返金が不要な支払を受ける場合には、原則としてその取引の開始の日の属する事業年度の益金の額に算入する。ただし、当該返金が不要な支払が、契約の特定期間における役務の提供ごとに、それらと具体的な対応関係をもって発生する対価の前受けと認められる場合において、その支払を当該役務の提供に係る収益の額に算入して当該特定期間の経過に応じてその収益の額を益金の額に算入しているときは、これを認める。 (注) 本文の「返金が不要な支払」には、例えば、次のようなものが該当する。 (1) 工業所有権等の実施権の設定の対価として支払を受ける一時金	（新　設）

改　正　後	改　正　前
(2) ノウハウの設定契約に際して支払を受ける一時金又は頭金 (3) 技術役務の提供に係る契約に関連してその着手費用に充当する目的で相手方から収受する仕度金、着手金等のうち、後日精算して剰余金があれば返還することとなっているもの以外のもの (4) スポーツクラブの会員契約に際して支払を受ける入会金 （保証金等のうち返還しないものの額の帰属の時期） 2-1-41　資産の賃貸借契約等に基づいて保証金、敷金等（賃貸借契約から返還が不要なものを除く。）であっても、期間の経過その他当該賃貸借契約等の終了前における一定の事由の発生により返還しないこととなる部分の金額は、その返還しないこととなった日の属する事業年度の益金の額に算入するのであるから留意する。	（保証金等のうち返還しないものの額の帰属の時期） 2-1-41　資産の賃貸借契約等に基づいて保証金、敷金等について保証金、敷金等のうち当該賃貸借契約等の経過その他の当該賃貸借契約等の終了前における一定の事由の発生により返還しないこととなる部分の金額は、その返還しないこととなった日の属する事業年度の益金の額に算入するのであるから留意する。

【執筆者紹介】執筆順

小島　昇（公認会計士・税理士）

林　仲宣（税理士）

谷口　智紀（島根大学法文学部准教授）

四方田　彰（税理士・神奈川大学経済学部非常勤講師）

茂垣志乙里（税理士）

角田　敬子（税理士）

小野木賢司（税理士）

髙木　良昌（税理士・明治学院大学経済学部非常勤講師）

齋藤　樹里（税理士）

小林　由実（税理士）

新通達"最速"対応
具体例で理解する　収益認識基準の法人税実務

平成30年8月21日　第1刷発行
平成31年1月31日　第2刷発行

編　著　林　　仲宣

著　者　小島　　昇／谷口　智紀／四方田　彰
　　　　茂垣志乙里／角田　敬子
　　　　小野木賢司／髙木　良昌
　　　　齋藤　樹里／小林　由実

発行所　株式会社 ぎょうせい
　　　　〒136-8575　東京都江東区新木場1-18-11
　　　　電話　編集　03-6892-6508
　　　　　　　営業　03-6892-6666
　　　　フリーコール　0120-953-431
　　　　URL：https://gyosei.jp

〈検印省略〉

印刷・製本　ぎょうせいデジタル㈱　　　　　　　Ⓒ2018　Printed in Japan
＊乱丁本・落丁本はお取り替えいたします。
ISBN978-4-324-10523-8
(5108444-00-000)
〔略号：収益認識実務〕